10 PASSOS MÁGICOS
PARA O SUCESSO

GERENTE EDITORIAL
Roger Conovalov

DIAGRAMAÇÃO
Marina Avila

REVISÃO
Elisabeth Guimarães

CAPA
Lura Editorial

COPIDESQUE
Ronald Porto

Copyright © William Weber – 2018

Lura Editoração Eletrônica LTDA
Rua Rafael Sampaio Vidal, 291
São Caetano do Sul, SP – CEP 05550-170
Tel: (11) 4221-8215
Site: www.luraeditorial.com.br
E-mail: contato@luraeditorial.com.br

Todos os direitos reservados. Impresso no Brasil.

Nenhuma parte deste livro pode ser utilizada, reproduzida ou armazenada em qualquer forma ou meio, seja mecânico ou eletrônico, fotocópia, gravação etc. sem a permissão por escrito do autor.

Catalogação na Fonte do Departamento Nacional do Livro
(Fundação Biblioteca Nacional, Brasil)

Weber, William
    10 passos mágicos para o sucesso / William Weber – 1ª ed. – São Paulo: Lura Editorial, 2018

    ISBN: 978-85-5849-141-9

    1.Empreendedorismo 2. Marketing 3. Negócios

CDD-650

Índice para catálogo sistemático:
1. Marketing .650

10 PASSOS MÁGICOS PARA O SUCESSO

DESCUBRA OS SEGREDOS DE GRANDES EMPRESAS PARA AUMENTAR O LUCRO E TRANSFORMAR CLIENTES EM FÃS

WILLIAM WEBER

lura

AGRADECIMENTO

Para chegar até aqui foram muitos anos de dedicação quase que exclusiva ao mundo dos negócios. Foram muitas manhãs, tardes, noites e madrugadas longe das pessoas que gosto, longe de amigos e família. Por isso, agradeço aos amigos que ficaram. Os insistentes que continuam me ligando para fazer um churrasco, mesmo escutando tantos nãos; aos meus pais que sempre me apoiaram nas decisões mais malucas que pude tomar e que me ensinaram, desde criança, o que é o empreendedorismo e o quanto é satisfatório fazer as coisas por si só; e principalmente a minha inspiradora esposa Lísia, que me encanta com sua motivação e dedicação ao trabalho, compreensão nas minhas ausências e com seus lindos sorrisos.

SUMÁRIO

Introdução 8
Os estudos de caso 10

1. A MAGIA.....14
Walt Disney Company 17
Análise SWOT? 19
Cidade de Gramado - RS - Brasil 25
É hora de colocar em prática 31

2. SEJA BEM-VINDO.....34
Um pouco mais sobre o amor à primeira vista 43

3. ACREDITAR.....48
Segurança, cortesia, bom show 58

4. FORMANDO UM ELENCO.....64
Como criar um bom processo de seleção 69

5. ESCOLA.....76
Algumas dicas para motivar seus colaboradores....82

6. ENCANTAMENTO.....88
Botando a máquina do encantamento para funcionar....93

7. INNOVATION.....98
O que torna uma empresa inovadora?....100

8. BRAND EXPERIENCE.....106
O Brand Experience aplicado aos negócios....107
O que o Brand Experience pode fazer por sua marca....108
Três grandes exemplos de sucesso....110
Brand Experience na internet....110
Contar histórias conta muito....113
A Jornada do Herói no storytelling....115
As etapas da Jornada do Herói....116
BrandSense....119
Quando sua empresa vira cor, cheiro, gosto, textura e som....121

9. KEEP THE MONEY IN THE SHOW.....130
Este investimento toca no meu cliente?....136

10. ATÉ LOGO.....140
Plusing....147

INTRODUÇÃO

Este livro é resultado de anos de pesquisas e práticas, fusão entre a gestão do entretenimento e a gestão de pequenas e médias empresas. Durante mais de uma década tive a oportunidade de trabalhar em diferentes projetos, tendo atuado em empresas globais até pequenas startups, realizei muitos testes com ferramentas de gestão, até conseguir construir um pacote com as que acredito serem essenciais para diferentes empresas e segmentos. Com o tempo, percebi que a maioria dos problemas encontrados nos mais diferentes projetos são muito semelhantes. Mais do que isso, notei também que grandes cases do entretenimento mundial solucionam esses mesmos desafios de forma inovadora e assertiva. Acredito que as soluções aqui estabelecidas em apenas dez passos, foram as grandes responsáveis pelo sucesso formidável dessas empresas, e certamente podem ser aplicadas em sua empresa com grandes expectativas de resultados.

Construí uma linha de raciocínio e tempo que considero ideal para a aplicação dos métodos. Tenho aplicado esse conteúdo em um workshop para gestores de todos os lugares do Brasil, e com os resultados práticos dos empreendedores, me motivei decidindo transformar esse workshop em um livro, um livro diferente, um manual, para que você possa aplicar no seu negócio, fazendo com que os processos, o foco, as relações e os costumes da empresa se alterem. Antes de começar, defina um foco, se você ler esse livro, sem uma empresa ou um projeto em mente, ele não será completado da forma como foi planejado. Logo, se você for dono ou gestor de mais de uma empresa, é preciso que defina qual empresa vai aplicar. Caso você seja gestor de um departamento, por exemplo, imagine seu departamento como uma empresa, imagine como se ele fosse o todo. Os *10 passos mágicos para o sucesso* podem ser aplicados para áreas dentro da organização, para projetos paralelos a sua rotina ou também para sua vida. Você mesmo poderá se transformar em uma pessoa mágica capaz de conquistar fãs.

Estou muito feliz com o resultado deste livro e espero que você, leitor, se sinta tão bem durante o processo de leitura quanto eu me senti escrevendo. Chamo de processo de leitura porque como comentei até agora, ele é diferente, é um livro escrito ao meio, pois assim como a maior parte do conteúdo enriquecedor para sua empresa, departamento ou para sua vida, está pela metade e precisa de sua participação para que valha a pena. Prometo que, se você se dedicar em cada um dos passos, este "manual" vai trazer grandes resultados. Afinal, o que você tem em mãos são mais do que estudos de caso e histórias encantadoras da Disney: aqui reúno mais de uma década, anos de estudos de gestão e entretenimento; ferramentas e conteúdos que, na verdade, se tornaram um método único de montar e gerir empresas. This is my design.

Definido qual será o cerne do seu "worklivroshop", estaremos aptos a começar uma jornada sem volta, saindo da vitrine e olhando as experiências dos clientes dos bastidores, detrás das cortinas do teatro. Alias, é justamente o teatro, os parques de diversões e os empreendimentos turísticos que vão inspirar nossas ferramentas, principalmente os parques da Walt Disney World e Universal em Orlando, o Parque de diversões francês Futuroscope e Gramado, a principal cidade turística do Brasil, situada a na Serra Gaúcha. Nesses empreendimentos em que tive a oportunidade de visitar, trabalhar e estudar a fundo, visualizei e entendi como suas ferramentas de gestão garantem um sucesso estrondoso.

SEJA BEM-VINDO AOS SEGREDOS DO ENTRETENIMENTO E À TRANSFORMAÇÃO DE SUA EMPRESA.

OS ESTUDOS DE CASO

Para o desenvolvimento deste livro, foram pesquisados alguns empreendimentos. Ao longo das páginas são citados outros exemplos de boas oportunidades para os negócios, mas, em especial, iremos trabalhar quatro cases. São eles:

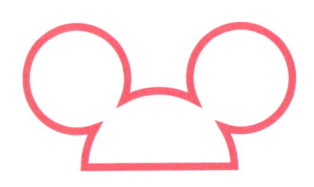

WALT DISNEY COMPANY

A empresa fundada por Walt Disney dispensa apresentações. O maior player de entretenimento do mundo e criador de diversas marcas e segmentos possui parques temáticos nos Estados Unidos, Europa e Ásia e produz filmes quase que diariamente. Após a compra da 21st Century Fox, em dezembro de 2017, a empresa se tornou o maior conglomerado de mídia e entretenimento do planeta, ultrapassando a Comcast.

Foi inaugurada em 16 de outubro de 1923 por Walt Disney e seu irmão, Roy Oliver Disney, estabelecendo-se como pioneira na indústria da animação. Depois, o universo Disney se expandiu e se desdobrou em diversos produtos para filmes em live-action, redes de televisão e parques temáticos.

Além de explicar a vocês toda a influência da mente genial de Walt

Disney na construção deste império, quero também dar a devida atenção a seu irmão, Roy Oliver, por todo seu primoroso trabalho na gestão deste grande negócio.

UNIVERSAL

De propriedade da Comcast e de sua subsidiária NBCUniversal, a Universal Studios é um dos maiores e mais longevos estúdios de cinema do mundo, sendo uma das grandes seis empresas de cinema de Hollywood. Foi fundada em 1912 pelo alemão Carl Laemmle e é a principal concorrente da Disney nos parques temáticos da cidade de Orlando e na Califórnia.

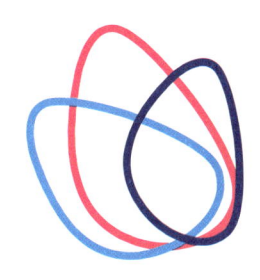

FUTUROSCOPE

Inaugurado em 1987, é um parque temático com atrações fortemente inspiradas em técnicas cinematográficas, suportes multimídia e robótica do futuro. Tem como premissa levar seus visitantes a uma viagem no futuro e desenvolver novas tecnologias para os dias de hoje. Fica na França, no meio do caminho entre Paris e Bordeaux, e tem quase dois milhões de visitantes ao ano.

GRAMADO/RS

Um dos maiores polos turísticos do Brasil, reúne muitas belezas naturais e diversas atrações para todos os públicos. Anualmente, milhares de famílias vêm de outros estados do Brasil e de outros países, para conhecerem tudo o que a cidade oferece. Além disso, sedia grandes eventos como o Festival de Cinema de Gramado, um dos maiores da América Latina, que reúne grandes nomes do cinema latino e traz muitas pessoas para conferi-las de perto, no tapete vermelho. Ainda há o Museu de Cera, o Harley Motor Show e, é claro, o famoso Natal Luz, um dos maiores eventos da cidade.

O que todos esses grandes cases do entretenimento têm em comum? Eles conseguiram fazer as pessoas se apaixonarem por suas marcas e produtos. Esses e outros cases que iremos abordar neste livro transformaram os clientes em fãs. E por que isso é bom? Porque um fã compra independente de preço, um fã defende sua marca perante as pessoas na rua, um fã faz você vender mais e com maior ticket médio e margem de contribuição. Ter fãs faz com que sua empresa perdure para sempre. Mas não se engane; não são apenas grandes corporações que podem criar fãs. Os passos a seguir podem ser aplicados em pequenos projetos, empresas, lojas, departamentos de governo, departamentos de uma empresa e até em multinacionais.

1. A MAGIA

Anos 80. Era de ouro do pop mundial. Madonna pra cá, Michael Jackson fazendo seu moonwalk pra lá, e eu era uma criança que sonhava em ser como eles. As paredes da minha casa eram a multidão querendo me ver, o chão da minha sala era o grande palco e eu, o astro. Mas que tipo de astro do pop mundial não tem um microfone auricular (aqueles que são presos entre uma orelha e outra)? Pra mim, era óbvio: se eu tinha que cantar e dançar, não podia ficar segurando um microfone normal. Tinha que ser como o do Michael Jackson. Então eu pedi um para minha mãe.

Obviamente, ela não me deu um microfone auricular. Então resolvi fazer o meu próprio, e ele ficou igual a este da foto. Pode parecer apenas um emaranhado de fios metálicos, mas no minuto em que eu o colocava, eu era o Rei do Pop!

Por que estou contando essa história? Porque é disso que a magia trata. Um pequeno objeto, mesmo que mal feito, fez eu sentir que podia ser quem eu quisesse, e realmente fui. São sensações como essa que diversas empresas do entretenimento conseguem executar com destreza. Uma delas é a Disney.

Certamente você já ouviu falar na magia Disney. Quase todos os cursos e livros sobre a gestão da companhia falam dessa tal magia como algo cósmico. A verdade é que, sim, essa magia existe e está comprovada por meio da atmosfera que ela transmite ao consumirmos grande parte de seus produtos, principalmente os filmes e as visitas aos parques. Seria até injusto começar um livro falando o que as empresas de sucesso do entretenimento têm a ensinar sem começar por este tópico: a magia da Disney que, por sinal, não pertence apenas a ela. Em diversos parques e cidades turísticas, como em Gramado, no Rio Grande do Sul, existe uma aura mágica que influencia seus sentimentos, envolvendo você na experiência e no consumo.

Ao longo dos capítulos deste livro, vamos abordar diversos pontos responsáveis por essa sensação. Claro, seria simples resolver a questão em um parágrafo - mas não é possível, porque essa sensação mágica se dá por uma soma de muitos truques que partem da definição de mágica, passam pela gestão e vão até a ciência.

Imagine o objetivo por trás da fabricação de um carro. São diversas peças necessárias para que no final um automóvel seja formado, mas cada trabalhador envolvido na montagem precisa saber o que será construído, por exemplo, um sedan vermelho. Caso contrário, seria construído um verdadeiro frankenstein automobilístico: cada peça de uma cor, rodas de caminhonete, bancos pequenos, traseira de um veículo 1.0, motor V6, e por aí vai. O mesmo acontece ao aplicar as melhores práticas do entretenimento em sua empresa ou no setor onde você trabalha. Se você não definir exatamente o que irá fazer logo no início, provavelmente não colocará as peças certas, durante o processo, e seu objetivo final não será alcançado.

Bem, vamos começar, então, pelo fator único de sucesso, o que torna sua empresa diferente dos concorrentes. Ninguém começa uma empresa para ser exatamente igual aos seus concorrentes. Sua empresa precisa ter um detalhe que fará as pessoas optarem pelo seu produto ou serviço. Esse detalhe, elevado à máxima potência e somado aos valores do seu coração, será a sua mágica. Por isso, definir a magia da empresa é definir o que sua empresa faz que nenhuma outra empresa pode copiar. Ou seja, aquilo que é intrínseco e poderoso.

Para ajudar na definição do seu diferencial competitivo, vou colocar alguns exemplos de empresas de grande sucesso:

WALT DISNEY COMPANY

A Disney começou sua história fazendo desenhos. Entre vários personagens, um ganhou o carinho do público em especial, o Mickey Mouse. Mickey Mouse se tornou curta-metragens para cinema, tirinhas de jornal, revista em quadrinhos, mochilas, cadernos, ursinho de pelúcia, e um infinidade de outros produtos. Com o tempo a Disney descobriu que seu negócio não era só desenhos, mas, sim, entretenimento. Disney se baseou no parque Tivoli Gardens para criar sua versão da terra da fantasia: a Disneyland. Desde a criação da Disneylândia, surgiram diversos novos negócios para a Disney Company, que hoje conta com canais de TV, parques nos Estados Unidos, Europa, Japão, China, estádios, teatros na Broadway, navios de cruzeiro, estúdio de animação entre outros negócios.

Mesmo sendo muitas vertentes de faturamento, é possível resumir o negócio da Disney em uma frase simples:

O ARTIFICIAL É MELHOR DO QUE O REAL.

A empresa possui claramente isso como foco de todas as suas realizações. O lago presente nos parques e resorts é mais bonito do que qualquer lago natural em Orlando, a árvore central do parque Animal Kingdom é mais bonita do que uma árvore que nasce em um parque de Nova Iorque, mesmo que tudo seja feito de concreto e plástico.

Esse diferencial da empresa está muito presente em todos os anos, desde o nascimento da companhia. Lembro de ter visto entrevistas antigas de Disney mencionando que a vantagem das animações em relação a filmes verdadeiros é que ele poderia pegar ícones do dia a dia como um rato e acrescentar coisas que não são possíveis na vida real como, por exemplo, voar. Então ao final a animação é criada uma nova realidade, o rato pilotando um avião.

Sim, podemos definir a magia como uma simplificação do planejamento estratégico. Muitas vezes as empresas levam tempo, contratam grandes consultorias para desenvolver um plano estratégico. Não descarto a importância de uma pesquisa prolongada e ferramentas de análise. Mas acredito fielmente nas cabeças pensantes de uma diretoria, sócios ou gerentes de uma empresa. Quem melhor do que você que vive todos os dias o mercado e a sua empresa para dizer qual o diferencial dela? Você sabe onde é melhor do que seus concorrentes e onde eles possuem vantagem, mesmo sem pesquisar. Não precisa investir muito dinheiro para saber onde está perdendo clientes. Pergunte para qualquer um dos seus vendedores. Por isso, se estiver tendo alguma dificuldade para encontrar a sua magia, sugiro sentar com os melhores de sua equipe por algumas horas e montar uma matriz SWOT. Ao final seu caminho estará muito mais claro para continuar este worklivroshop.

ANÁLISE SWOT?

O nome SWOT vem de uma sigla do inglês: Strenghts, Weaknesses, Opportunities e Threats. Respectivamente, correspondem as Forças, Fraquezas, Oportunidades e Ameaças que podem influenciar os seus negócios. Por agora, pense na análise SWOT como um exercício sincero de autocrítica frente ao espelho.

Você se põe diante de si e, primeiro, repara nas partes do seu visual que você gosta. Sua camisa é bonita, seu rosto tem um bom formato e você tem um sorriso charmoso. Três bons pontos fortes. Depois, você passa para seus defeitos. Como seu cabelo anda merecendo um novo corte, seu sapato que já está com a sola gasta e sua calça que está desbotada. Pode ser duro aceitar algumas coisas, mas você sabe que isso tudo está sendo feito para você melhorar no fim.

Então, você vai dar um passeio pela cidade e acaba descobrindo que há dois salões de beleza bem recomendados e uma promoção naquela loja de roupas que você adora. Um prato cheio para você dar um trato no seu penteado e no figurino. Aí estão suas oportunidades.

Por fim, você presta atenção nas ameaças. Talvez você não tenha dinheiro suficiente para corrigir tudo de uma vez. O tempo pode ser curto demais para você ficar bem no *look*, antes daquela reunião ou encontro. Ou você é orgulhoso demais para mudar. Receita, tempo e hábitos. Três fatores que podem ameaçar seus objetivos.

Deu pra entender? É claro que isso é só uma metáfora, a análise SWOT é conhecida por ser aplicada no planejamento de empresas, sendo muito pouco usada para problemas do cotidiano. Mas, se você quiser usar, faça bom proveito.

Tirando você da frente do espelho e colocando sua empresa, existem as seguintes perguntas a serem respondidas:

1. QUAIS SÃO OS PONTOS FORTES?

2. QUAIS SÃO OS PONTOS FRACOS?

3. QUE OPORTUNIDADES PODEM SURGIR NO MERCADO NOS PRÓXIMOS ANOS?

4. QUAIS AMEAÇAS PODEM TORNAR-SE REALIDADE?

Indico buscar uma grande folha de papel e desenhar a matriz (figura abaixo) nela. Sozinho ou com o grupo envolvido no projeto você pode anotar em cada um dos quadrantes as respostas das perguntas acima.

SWOT	POSITIVOS	NEGATIVOS
INTERNOS (Organização)	**PONTOS FORTES:** - Ponto forte 1 - Ponto forte 2 - Ponto forte 3 - Ponto forte N	**PONTOS FRACOS:** - Ponto fraco 1 - Ponto fraco 2 - Ponto fraco 3 - Ponto fraco N
EXTERNOS (Ambiente)	**OPORTUNIDADES:** - Oportunidade 1 - Oportunidade 2 - Oportunidade 3 - Oportunidade N	**AMEAÇAS:** - Ameaça 1 - Ameaça 2 - Ameaça 3 - Ameaça N

Perceba que, diferente das forças e fraquezas, quando falamos de oportunidades e ameaças, estamos falando de futuro. São fatores que poderão afetar sua empresa, positiva ou negativamente.

É importante lembrar que, nesse momento em que você estiver reunindo itens para responder essas perguntas, não é o tempo certo para tomar decisões. Estamos analisando, para futuramente executarmos os planos mais adequados.

VOCÊ ACHA QUE TÁ NA DISNEY?

Criar um mundo imaginário real e perfeito não é uma tarefa fácil, talvez seja deste grande desafio que surgiu a frase de Walt Disney:

"I LIKE THE IMPOSSIBLE BECAUSE THERE IS LESS COMPETITION."

"GOSTO DO IMPOSSÍVEL, PORQUE LÁ A CONCORRÊNCIA É MENOR."

Walt Disney

Esse tema foi levado muito a sério por Walt e Roy, quando eles construíram a Disneyland e posteriormente os parques de Orlando. Até a construção dos parques, o artificial nunca havia superado o real. A famosa frase usada pelos brasileiros "Você acha que tá na Disney?" remete a imaginar o mundo perfeito criado pelos irmãos. Mas, mais do que isso, foi o estopim para se criar frutas, bairros, cidades e muitas outras coisas onde o artificial passou a ser melhor que o real, onde o artificial é perfeito.

Em curvas sinuosas
Os plátanos beijam o chão
É o Outono, com lábios secos
Que cai de saudades pelo verão

Verdes torres costeiam a estrada
E mergulham no fundo do céu azul
Sinto o frescor do vento das nuvens
Que, vindas do norte, se unem ao Sul

Neste lugar onde a beleza impera
É inevitável estar enamorado
Meu peito palpita subindo a Serra
Minha alma suspira: cheguei à Gramado

Eu sei que este é um livro sobre negócios, mas não há como falar de Gramado sem fazer poesia. Ela é uma cidade da Serra Gaúcha e um dos principais pontos turísticos do Brasil. Uma cidade que conseguiu se transformar em uma Orlando brasileira com muitos atrativos de entretenimento, parques, restaurantes e shows a céu aberto. A transformação da cidade faz com que as pessoas se sintam em um mundo de fantasia. Existe uma espécie de ética imposta pelo estilo de vida em Gramado. Você pode vir de qualquer lugar do mundo onde as faixas de pedestre não são respeitadas, mas em Gramado você vai respeitar. E você não vai precisar de ninguém pedindo isso para você: a atmosfera da cidade dá conta do recado.

A Serra Gaúcha é um verdadeiro oásis em meio a milhares de cidades do país que vivem em meio ao caos. Pequenas cidades próximas a Gramado, do interior do Rio Grande do Sul, conseguiram acompanhar seu modelo e se transformaram em um pequeno pedaço de paraíso.

Andando pelas ruas da cidade, conversando com os empresários locais, dá para perceber que todos têm enraizado os valores da cidade, o que a torna especial. Todos trabalham para que a vida na cidade seja uma vida de faz de conta, as empresas são temáticas e vivem um storytelling constante. A frase que embala a magia da cidade para mim é:

UMA CIDADE DE FAZ DE CONTA COM PESSOAS DE VERDADE.

Essa frase foi criada por mim, mas representa na essência o que é a cidade. O tema é levado a sério, existe uma preocupação para que as placas estejam sempre bonitas, para que as pedras estejam no lugar certo, para que tudo pareça um faz de conta, só que com pessoas de verdade.

Observando a cidade e a Disney, existe uma grande semelhança no norte estratégico. Mas nem sempre você precisa ter uma magia assim em sua empresa. Ela não precisa ser algo fantasioso. Precisa, sim, ser verdadeiro. Ser essencial e único. Tem de ser algo que a sua empresa tenha e que não seja fácil para os concorrentes copiarem. Para uma empresa já em funcionamento, essa magia precisa ser sentida pelos clientes ao entrarem em contato com você.

Lembro que ainda na década passada eu trabalhava no marketing de uma concessionária de veículos Volkswagen. E ao contratar uma nova agência de comunicação, depois de duas semanas em que eles estavam trabalhando conosco, o diretor da agência disse: "Nossa, como é simples comprar um carro aqui". Ele não precisou de pesquisa para descobrir isso. Ele sentiu ao circular pela empresa e conversar com algumas pessoas. A observação do João Satt, dono do Grupo Competence, se confirmou com uma sólida pesquisa de mercado e decidimos então mudar o posicionamento da empresa para "É simples sair de carro novo". Com treinamento e ações de marketing interno esse lema ficou na cabeça de todos os colaboradores. Como era verdadeiro, foi fácil de instaurar. Os resultados apareceram rápido e a empresa chegou à liderança em vendas no mesmo ano da mudança.

Uma outra situação que me recordo se refere a uma ferragem que existe em uma cidade do litoral de Santa Catarina que se chama Veratoni Materiais de Construção. Uma empresa pequena e familiar, cuja gestão está com os filhos. Eles não têm um investimento em endomarketing ou comunicação para transmitir o ideal da empresa a seus clientes e funcionários, mas, muitas vezes, quando um dos herdeiros está atendendo no balcão e um cliente pede um produto difícil de encontrar, ele grita para que todos ouçam: "Onde tu estás? Está no Veratoni. Aqui não falta nada. Veratoni tem tudo."

No caso da ferragem, não precisa mais do que o reforço do dono da empresa para que todos lembrem qual é o ideal do Veratoni: é possível sentir no ar, nas prateleiras lotadas e no humor dos colaboradores, que, quando demoram a encontrar um produto, dizem: "Eu sei que tem, espera aí". Esta magia é tão forte e tão enraizada que, quando alguém da cidade precisa de alguma coisa, o primeiro lugar que indicam é o Veratoni.

Mas, voltando ao entretenimento. Mesmo empresas que trabalham no mesmo segmento da Disney possuem uma magia diferente. É o caso do grande concorrente da Disney nas produções de cinema e em Orlando, a Universal estúdios. Resumindo, a empresa, em uma frase, vende entretenimento com adrenalina para adultos.

Já o Futuroscope, um dos principais parques de diversão da Europa e concorrente da Disney Paris, vende inovação e tecnologia em forma de entretenimento.

Pensar na magia da sua empresa é algo que deve ser feito com cuidado, a decisão tomada deve ser levada até o fim. Você tem de entender o propósito de estar ali, o propósito que faz você ser único.

> "SEU PROPÓSITO PRECISA SER MELHOR QUE SEU PRODUTO."
>
> *William Weber*

A empresa pode mudar o produto que fabrica, os serviços que oferece, mas não pode mudar seu propósito, pois é ele que carrega seus clientes, é ele que vai transformá-los em fãs. As pessoas seguem a Apple não por um produto, mas pelo ideal de ser diferente, de ser inovador. Você precisa encontrar o que fará as pessoas seguirem sua empresa.

Imagine uma empresa que tem como grande diferencial o produto que fabrica, por exemplo, a melhor fabricante de máquinas de escrever. Quando surgiram os computadores, como ficou essa empresa, baseada apenas em seu produto? Ou uma loja de roupas que vende lindas minissaias e fica famosa por isso, mas aí alguma nova onda da moda tira as minissaias do mercado e a loja precisa fechar? Você não pode crescer por meio do seu produto.

Muitas vezes começamos um plano de negócios com o nosso objetivo, ser a maior, melhor ou faturar um valor específico. Porém, todas as empresas estudadas para a construção deste livro iriam se limitar ao traçar um objetivo. Mesmo Disney sendo um sonhador ou Gramado sendo uma cidade muito estruturada não imaginavam um sucesso nas proporções alcançadas. É por isso que seu propósito, sua magia, aquilo que torna sua empresa mágica e faz as pessoas se encantarem por você tem de ser seu principal foco. Se você focar apenas no lucro, estará abrindo mão de uma série de valores, o que provavelmente irá destruir sua empresa aos poucos. Os grandes construtores de marcas e catadores de fãs tem a rentabilidade como uma consequência do bom trabalho. Claro que você e sua empresa não podem ficar no prejuízo, mas precisam ter um "algo a mais", uma razão para que você e sua equipe levantem da cama todos os dias de manhã e cheguem motivados ao trabalho. É preciso ser especial.

É HORA DE COLOCAR EM PRÁTICA.

Logo no início desta leitura, mencionei que este livro vinha pela metade. O que acontece aqui é que minha proposta não se trata de apenas transmitir conteúdo e histórias pessoais. Para que a magia se manifeste em seus negócios, é preciso que você se abra para ela e consiga visualizá-la em sua empresa. Por isso, ao final de cada um destes passos, vou reservar um espaço para provocar você a aplicar cada ideia apresentada aqui em sua realidade. Seu compromisso em praticar esse exercício é fundamental para que este livro faça sentido e consiga agregar ensinamentos a sua gestão.

Bom, vamos ao tema de casa:

O que você acredita que os clientes buscam em sua empresa?

1._____

_____

2._____

_____

3._____

_____

4._____

_____

5._____

_____

O que sua equipe e seus colaboradores falam da sua empresa?

1._____
_____

2._____
_____

3._____
_____

4._____
_____

5._____
_____

Quais são os três pontos altos do seu negócio?

1._____
_____

2._____
_____

3._____
_____

Com base nas respostas das perguntas acima, escreva em no máximo duas linhas qual é a magia da sua empresa. O que faz sua empresa única?

_____

_____

2.
SEJA BEM--VINDO

O clima não desapontava nem um pouco. Era uma ensolarada manhã em Orlando, quando eu abri os olhos e disse para mim mesmo: "Caramba, hoje eu vou à Disney!". Eu já tinha estudado bastante, não apenas sobre os parques temáticos da companhia, mas sobre toda sua história. Mesmo assim eu não podia imaginar o que estava me esperando logo nos primeiros segundos que vivi ao chegar lá. Descendo do carro, me deparei com toda a grandiosidade daquele universo. "Ok, pessoal!", pensava comigo, enquanto me dirigia ao interior do parque: "Aqui vamos nós!"

A primeira coisa que vi de fato, do outro lado da rua, foi um casal de velhinhos muito simpáticos. Me cumprimentaram e desejaram que eu tivesse um ótimo dia. Pode parecer algo bobo, mas eu não estou acostumado com demonstrações sinceras de gentileza, e pode ter certeza de que aquele bom dia foi sincero.

Em seguida, a brisa trouxe um intenso aroma de pipoca e foi só aí que percebi a grande quantidade de carrinhos de pipoqueiros indo e vindo pelas estradinhas. Eu não me questionava sobre o porquê de eles estarem ali nem de onde surgiam. Havia um sentimento que tomou conta de todo meu pensamento. Era nostalgia. Eu me sentia como uma criança de novo.

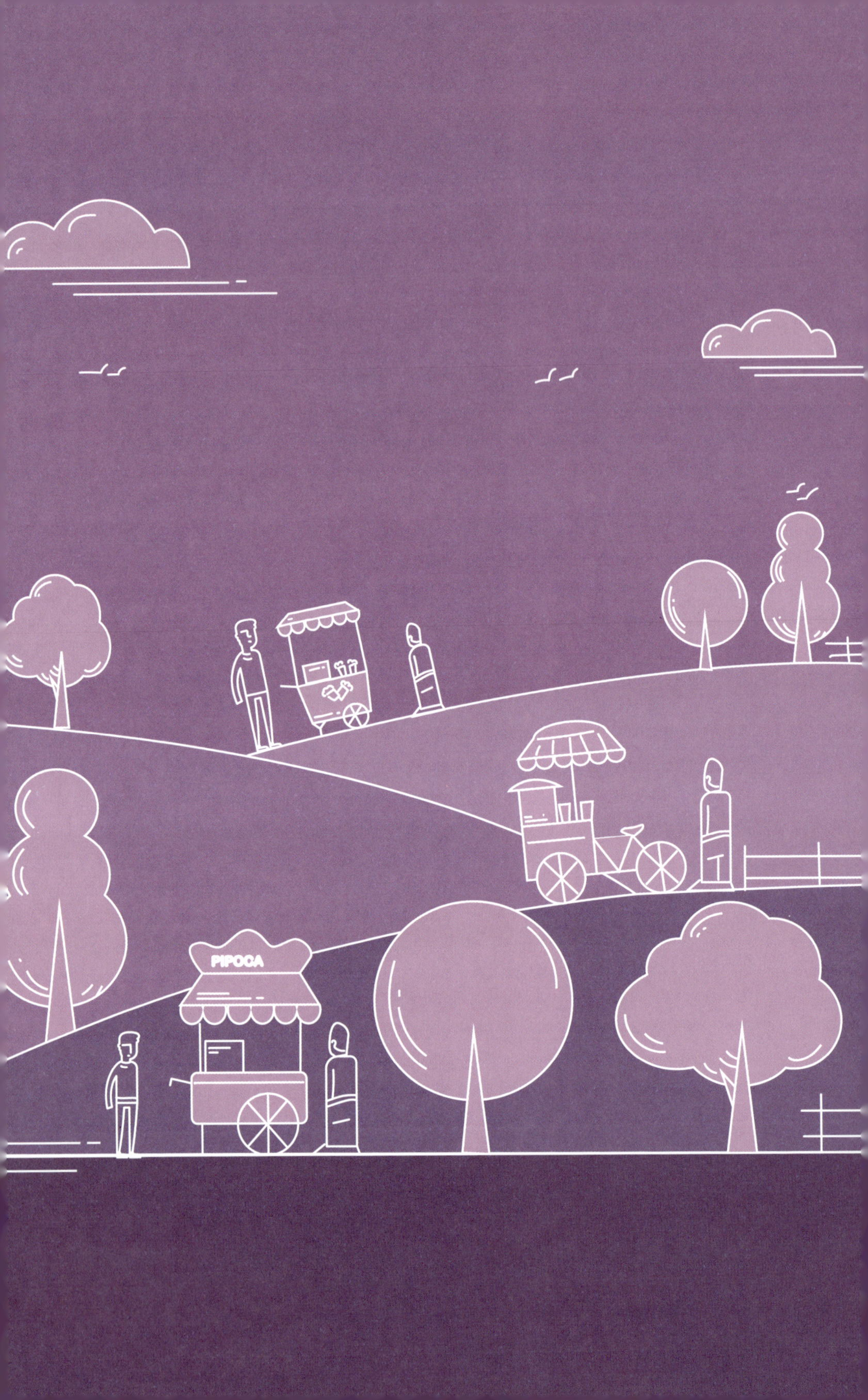
PIPOCA

Já parou para analisar como você dá boas-vindas ao seu cliente? Quando ele entra no seu site, quando ele entra na sua loja, quando fala com ele por telefone. No primeiro contato que o cliente tem com sua empresa, o que você faz para ele ser bem recepcionado?

Dizem que não se julga um livro pela capa mas, para falar a verdade, você sempre compra livros pela capa. A percepção inicial faz toda diferença para, nos próximos momentos, uma marca ou pessoa.

Vou falar mais sobre empreendedorismo e negócios ao longo deste livro. Mas mesmo que você não tenha uma empresa e nem seja gestor, imagine, por exemplo, em seu departamento financeiro: como você receberia as pessoas em sua sala? Qual o sentimento dos colaboradores ao ter o primeiro contato com você? A primeira percepção pode mudar suas relações e gerar um *up* em suas negociações. Ao conquistar as pessoas com o amor à primeira vista, o caminho fica muito mais fácil. Do contrário, você perderá muito tempo mostrando a seus clientes que tem algum valor. Você precisará convencê-los de tudo.

Em uma empresa em que trabalhei, todos os dias, a diretora financeira levava um bolo e chá para a sala dela. Os colaboradores e clientes que chegavam até ela sempre eram recepcionados com muito carinho. Mesmo que o assunto a ser tratado fosse difícil, a recepção tornava o diálogo mais fácil. A saudade de Dona Tânia ainda existe.

Walt Disney se preocupava muito com isso. Prova disso é o show de abertura para o Magic Kingdom, seu principal parque. Antes de abrir as portas, os visitantes já encontram o espírito da empresa, alegre em nos receber. Aliás, mais do que o próprio show, existem membros da equipe contratados unicamente para cumprimentar as pessoas, desejando um bom dia, só para que você entre no parque sentindo-se bem-vindo, como um verdadeiro convidado.

Para mim, temos muito a aprender com Disney. De maneira rasa, se pensarmos em receber um cliente, enchendo a cabeça dele de ofertas e promoções, corremos o grande risco de gerar repulsa do cliente em relação a nossa empresa. Quando alguém recebe muitas ofertas no primeiro contato com a sua empresa, existem duas opções:

1. O PRODUTO ESTÁ BARATO E O CLIENTE SE SENTE EM VANTAGEM EM RELAÇÃO A VOCÊ. UM SENTIMENTO DE SUPERIORIDADE.

2. O PRODUTO ESTÁ CARO E O CLIENTE SE SENTE EXPLORADO. UM SENTIMENTO DE INFERIORIDADE.

Em ambos os casos a empresa não estará fidelizando seus clientes. Se analisarmos os números, os clientes continuam comprando, mas acabam optando por empresas concorrentes em uma simples variação de logística ou preço, por exemplo. Isso ocorre pois a forma como você se relaciona com ele continua sendo como cliente e assim ele nunca será seu fã. É uma relação racional. Ou seja, em todas as situações a relação do cliente com a empresa é calculável, é possível encontrar benefícios e malefícios no relacionamento. Se a empresa aumentar os preços, vai perder esse consumidor.

Receber seu cliente como um convidado não vai garantir que sua empresa tenha fãs, mas é um dos primeiros passos para conquistá-los. Certamente se você recebê-los mal, não conquistará fãs. O que você faz para receber pessoas em sua casa, por exemplo? Você gostaria de saber que seu convidado não se sentiu bem em sua casa? Que a cerveja estava quente ou que a comida estava muito salgada?

Gramado é uma cidade que, por inúmeras razões, não consegue controlar a entrada de visitantes como a Disney. Mesmo assim não deixa de causar uma boa impressão em seus visitantes. Nunca me esqueço da primeira vez que parei para observar a entrada de Gramado. Eu já havia passado por ali diversas vezes, sempre a negócios, com a mente em outro lugar. Mal sabia que, mesmo sem perceber, Gramado me dava boas-vindas de um jeito especial, todas as vezes que passava pela entrada. E eu pude perceber isso ao estacionar próximo ao pórtico, num certo dia. Vi famílias descendo dos seus carros apenas para registrar aquele momento, e entendi que elas se sentiam abraçadas já nos primeiros segundos pisando em Gramado. Então entendi: uma placa de boas-vindas nunca é apenas uma placa de boas-vindas. E aquelas famílias sabiam disso.

A receita não é única, inclusive uma outra construção de boas-vindas é a da entrada da cidade de Las Vegas. Ela é tão famosa que chega a ser um dos principais souvenires da cidade, sendo levada de presente por muitos visitantes.

Tanto no caso dos parques da Disney quanto no caso das cidades, é importante entender que não existe uma receita e, sim, um desejo: receber bem as pessoas. Muitas vezes, sua empresa ou seu departamento tem um primeiro contato com o cliente por meio da internet, ou talvez nem possua uma sede fixa. Independente de como funciona o primeiro contato com seu convidado, você precisa saber qual ou quais são. Mapear quais são os pontos de contato iniciais dos seus convidados é o primeiro passo para atendê-los melhor.

Importante atentar que o primeiro contato não significa contato único. Não é algo para ser feito uma só vez. A Disney, por exemplo, faz o mesmo processo em todos os parques, e muitos dos visitantes vão e voltam até eles por uma semana ininterrupta. Ou seja, eles recebem as boas-vindas todos os dias. Seu cliente também precisa ser recebido muitas vezes. Imagine como exemplo uma loja de eletrodomésticos: a compra é realizada na loja, mas, uma semana depois, o cliente irá receber o produto em casa. Neste recebimento ele também precisa ter uma boa recepção. Já pensou que péssima experiência seria receber o produto de um entregador mal-humorado, que estacionou em frente a sua garagem bem na hora em que você está chegando em casa? Qualquer má impressão muda o sentimento do cliente.

É muito comum, ao conversar com uma equipe de vendas, ouvir relatos de que clientes em certas situações são "venda fechada". Quer dizer, um cliente tão certo da compra que a faria mesmo sem vendedor ou atendimento qualquer. Como um ex-obeso que entra em uma loja de camisetas e está feliz, pois consegue vestir vários modelos de vários tamanhos. É mais fácil fechar uma venda assim. Provavelmente o cliente comprará mais de uma camiseta.

Isso se dá, uma vez que os sentimentos dele, ao entrar na loja, é de euforia. Ele está feliz e eufórico, pois antigamente havia uma repressão na sua vontade de comprar. Por anos ele teve de entrar em lojas semelhantes e escolher dentre as camisetas de tamanho *extra large*. Agora o sentimento de euforia está aliado a uma sensação de liberdade. Logo, podemos dizer que, toda vez que um cliente tiver o sentimento de euforia, a venda será mais fácil.

Por isso sempre me perguntei: temos de esperar pelo cliente certo para vender? Por que não preparamos qualquer cliente para que chegue a nós com os sentimentos e sensações certas?

Dentre muitas coisas que os parques da Disney fazem para recepcionar seus clientes há uma que me alegra muito. O parque sempre está repleto de pipoqueiros, existe um cheiro de pipoca no ar e aquelas pequenas tendas de modelo clássico com listras vermelho escuro e douradas são como um túnel do tempo para a minha infância. Eles sabem disso. As pipocas estão ali de propósito. Afinal, são 10 horas e os visitantes acabaram de tomar café no hotel. Não é uma boa hora para vender pipocas. Mesmo assim, todos os dias, elas são preparadas pouco tempo antes dos portões abrirem. Na verdade, a Disney está disparando um gatilho no seu cérebro, ao ver a pipoca e o pipoqueiro, um item da infância é ligado às sensações do entretenimento, você altera seu estado de espírito imediatamente e se sente como uma criança em um parque de diversões. O que a Disney está fazendo neste caso é preparar o cliente para que ele esteja com o sentimento perfeito para consumir seu produto.

Eles conseguiram encontrar uma forma para que todos os clientes sejam como o exemplo dos ex-obesos eufóricos. Se você não consegue tornar isso natural, crie. Walt e Roy conseguiram criar formatos em que isso se realimenta não apenas na entrada do parque mas em muitas situações dentro do consumo e até mesmo em filmes e espetáculos desenvolvidos nesses longos anos de história. Mas vamos falar sobre elas em outros capítulos deste livro.

UM POUCO MAIS SOBRE O AMOR À PRIMEIRA VISTA.

A primeira impressão não pede mais do que um minuto para entrar em sua cabeça e dizer "Olá! Quer saber o que achei desse carinha aí?". É como acontece, quando pessoas se conhecem, seja no estilo das roupas, na firmeza no aperto de mão, na alface que está no dente do outro: tudo está sendo avaliado.

O tempo para escanear essa pessoa em geral é curto, assim como para causar uma boa impressão. Alguns psicólogos afirmam que essa análise é de 25 segundos ou seis passos, quando um cliente entra em sua loja. Isso quer dizer que até o sexto passo do cliente dentro da sua loja, o que ele vê, ouve e sente definem se ele vai comprar e quanto. Para outros não ocorre em segundos, mas em milésimos de segundos. Só com o suspiro de uma pessoa, podemos saber se ela nos agrada ou não.

A verdade é que estamos constantemente balanceando as pessoas como ameaças ou seres amigáveis. De uma maneira geral, essa construção de conceitos em relação ao outro se dá por uma série de características próprias de cada um. Há quem se sinta ameaçado com pessoas elegantes demais, por exemplo, julgando-as como metidas e superficiais. Isso pode ocorrer em quem tem preferência por uma imagem mais casual, por exemplo, porque lhe dá mais segurança, porque lembra do estilo de pessoas das quais se está acostumado.

A criação desses julgamentos tem terreno no nosso subconsciente. Nosso cérebro faz milhares de ligações, conectando nossas experiências à estrutura da nossa personalidade, e, a partir daí, passa a fazer comparações muito rápidas. Nossa mente tenta instintivamente relacionar as novas pessoas que conhecemos com quem já faz parte da nossa vida há bastante tempo, ou seja, tentamos encontrar similaridades.

É o que todos nós costumamos dizer quando falamos "a primeira impressão é a que fica". Entretanto, por mais que uma primeira impressão não possa ser apagada, há a possibilidade de incrementá-la com segundas, terceiras e quartas impressões. Mas, é uma possibilidade. Nem sempre, principalmente no mundo dos negócios, se tem mais do que uma chance para atrair a atenção.

Mãos à obra. Aqui vão alguns passos para que você comece a receber seus clientes como convidados:

Quais são os pontos de contato iniciais do cliente com a sua empresa? Descreva quais as oportunidades em que é possível recepcioná-los (lembrando que os pontos de contato não precisam ser quando o cliente está na loja; existem o telefone, o site, o e-mail, as redes sociais e não é necessário preencher todos os números).

1._____
_____
2._____
_____
3._____
_____
4._____
_____
5._____
_____

Quais sentimentos você acredita que dispara em seus clientes com a forma com que os recepciona hoje?

1._____
_____
2._____
_____
3._____
_____
4._____
_____

5._____
_____

Você acredita que esses sentimentos são os ideais para fechar negócio com eles? Quando seu cliente entra na loja, qual sentimento você gostaria que ele sentisse? O que fecha venda?

1._____
_____

2._____
_____

3._____
_____

4._____
_____

5._____
_____

Com os mesmos pontos de contato da primeira questão e baseado no estado de espírito que você quer encontrar seu cliente, monte formas de recebê-lo:

1._____
_____
_____

2._____
_____

3.

4.

5.

3. ACRE-DITAR

Sem sombra de dúvidas, é preciso acreditar em qualquer projeto que você tenha em mãos. Um sábio diria que a fé move montanhas. É verdade; acreditar faz você construir coisas incríveis. Em um de meus cursos na Disney, recordo um conversa sobre uma de suas histórias imortalizadas em livros e filmes. Estávamos um funcionário da Disney e eu conversando sobre o cenário do brinquedo Peter Pan. Comecei falando sobre a perfeição dos detalhes e acabamos discutindo sobre a história a fundo. Reza a lenda que Walt Disney relutou até inaugurar esta atração ao público, pois acreditava que faltava alguma coisa. Até que, certo dia, um funcionário que vinha de um país caribenho deu algumas voltas no carrinho do brinquedo e se deu conta de que não havia vaga-lumes ao redor dele. Uma noite na floresta tropical sem vaga-lumes não existe, logo, a inauguração foi adiada até que os vaga-lumes fossem instalados.

São esses detalhes, para tornar o imaginário muito real, que contam o final da minha conversa com o funcionário do Magic Kingdom lá em Orlando. Por mais que falasse da história e da perfeição de detalhes do brinquedo Peter Pan, ele nunca mencionou o fato de que os personagens são fictícios. Inclusive lembro bem de uma frase dele:

"DIZEM QUE TALVEZ ESSA HISTÓRIA NÃO SEJA TOTALMENTE VERDADE."

Funcionário do Magic Kingdom Orlando

Nas minhas andanças pelo Brasil, seja com os clientes da agência de marketing On-life Niah ou em consultorias de gestão e negócios, estou acostumado a me sentar em salas de reuniões afastadas ou em cafés, e ouvir histórias de colaboradores que derrubam os valores da empresa. São pessoas que não acreditam na magia da própria empresa onde estão, e acabam por levar esse desencantamento para o lado de fora também.

Se o seu funcionário não acredita, então existem aí dois pontos relevantes:

1)

Você não fez uma seleção correta e colocou uma pessoa que não está conectada com a magia da empresa;

2)

Você não está vendendo o objetivo para sua equipe da maneira certa. Entre os múltiplos papéis dos responsáveis pela tomada de decisão da empresa, um dos mais difíceis é continuar a acreditar.

Outra dificuldade que encontro nas empresas é quanto à tomada de decisão. Fica difícil continuar a acreditar, quando o rumo da empresa muda a cada reunião dos sócios ou diretores. Por exemplo, vamos a um cenário comum entre empreendedores, gestores e diretores:

> Dois sócios sentam para decidir se vão investir mais na reforma do telhado. Olham três orçamentos e definem pelo mais barato, pois é um ano difícil e a decoração não é tão importante.
>
> Duas semanas depois, o gerente de TI apresenta um projeto em que pode trocar o sistema de gestão da empresa atual por um mais moderno, que diminuiria horas de trabalho, mas é preciso fazer um grande investimento e trocar as máquinas. Os sócios optam então por comprar o projeto da TI. Afinal, é investimento.

Em duas situações diferentes, os sócios tomaram decisões diferentes por razões diferentes. Isso gera uma confusão mental na empresa inteira. Pois a tomada de decisão foi de acordo com a vontade dos sócios e a forma como o projeto foi apresentada. Nessas simples situações, os sócios mostraram para a empresa que, para eles, a aprovação de um projeto é uma questão de defesa de ideias e, não, do padrão de uma crença bem estabelecida.

O que é preciso entender é que a tomada de decisão não pode depender da vontade dos sócios. Ela tem de ser padronizada e, assim, poderá ser tomada por qualquer um da empresa. Mais do que isso. Evitará desentendimentos entre os gestores, horas de reuniões jogadas no lixo e desmotivação por parte da equipe. A tomada de decisão precisa ser clara e simples. Tomada de decisão é da empresa, nunca dos sócios.

"A TOMADA DE DECISÃO NUNCA É DOS SÓCIOS. É DA EMPRESA."

William Weber

Sendo assim, é preciso investir tempo, discutindo a tomada de decisão da empresa. Horas, dias, semanas. Quanto mais você demorar e definir uma tomada de decisão da empresa maiores serão os avanços da sua empresa durante os anos. É preciso criar valores claros que facilitem as decisões.

"QUANDO OS VALORES SÃO CLAROS, AS DECISÕES SÃO FÁCEIS."

Roy O. Disney

O irmão de Walt definiu tudo que tento dizer com essa frase. Se os valores são claros as decisões não são custosas. A tomada é simples e sem sofrimentos, pois essa discussão já aconteceu.

"CHEQUE O SEU MOTOR E APERTE OS CINTOS ANTES DE DECOLAR."

William Weber

Podemos imaginar seu negócio como um avião. Ele é grande, pesado, mas voa em alta velocidade e pode chegar a grandes altitudes. Para ir a qualquer lugar do mundo, você precisa garantir seu combustível e fazer a manutenção do motor. Arrumar um motor em pleno voo é complicado. O avião precisa voar baixo e lentamente e, mesmo assim, as chances de queda são maiores do que as de estabilidade. Pense nesse motor como a tomada de decisão em escala de sua empresa, e conserte o que precisa funcionar antes de sair do chão.

Para alguma coisa acontecer na Disney, você precisa passar por um filtro já decidido há anos:

SEGURANÇA, CORTESIA, BOM SHOW.

Se um projeto ou alguma ocasião não passa por esses passos, ou seja, não responde aos três requisitos ele é cortado imediatamente. Um novo brinquedo, por exemplo, precisa ser totalmente seguro, receber os hóspedes como convidados e, além de tudo isso, ser um show perfeito.

A Universal, assim como grande parte dos parques de diversões, criou personagens que transmitem os valores da tomada de decisão. Contar histórias com personagens facilita o entendimento dos valores da empresa. Quando os super-heróis da Universal passam por várias aventuras, salvam o mundo e continuam unidos, eles mostram a todos os colaboradores da empresa que o objetivo dos parques é criar um ambiente divertido de aventura com os amigos. Um diretor pode até escrever esses objetivos em uma carta e colar em todas as paredes, mas uma história lúdica que lembra, diariamente, a equipe disso facilita muito a compreensão. Um outro grande segredo dessas histórias é que elas podem até ser pura ficção, mas os valores envolvidos nos heróis da Marvel ou no Peter Pan são reais, e isso basta para que acreditemos neles.

Óbvio que os problemas do dia a dia da empresa não são extraterrestres invadindo a terra, ou que uma pessoa não fica com superpoderes por ser picado por uma aranha. Mas a forma como esses personagens lidam com os problemas, seus relacionamentos e suas palavras são coisas do mundo real. São sentimentos que todos nós nos identificamos. Mais à frente, veremos técnicas de como contar histórias para envolver equipes de trabalho e clientes, mas vale ressaltar: as histórias não valem de nada se não passarem valores claros. Valores que façam as pessoas acreditarem.

Acreditar tem a ver com deixar sua equipe engajada. Um líder deve inspirar pela paixão que coloca no projeto. Você precisa colocar paixão e contá-la por meio de histórias. Acredite em sua instituição com todas as forças. Ame-a como se não houvesse amanhã e a defenda com unhas e dentes. Sabe aquilo que você faz com o seu time do coração? Mesmo ganhando flauta, você busca justificativas plausíveis para dizer que ele é maior. Mesmo perdendo, você compra camiseta nova para ir ao estádio; mesmo com as más notícias, você defende como se fosse a coisa mais importante de sua vida. Você vibra, você chora, você se entusiasma. Faça de sua empresa o seu time do coração.

Esse é o último momento de preparação do seu projeto. Depois do preenchimento das próximas perguntas, seu motor estará preparado e sua empresa estará pronta para voar. Por isso, volte aos primeiros capítulos para verificar se a magia e as boas-vindas estão a bordo. Pois, depois que essa tomada de decisão estiver preenchida, acreditar, acreditar e acreditar. E, quando nada mais der certo, vamos continuar a acreditar.

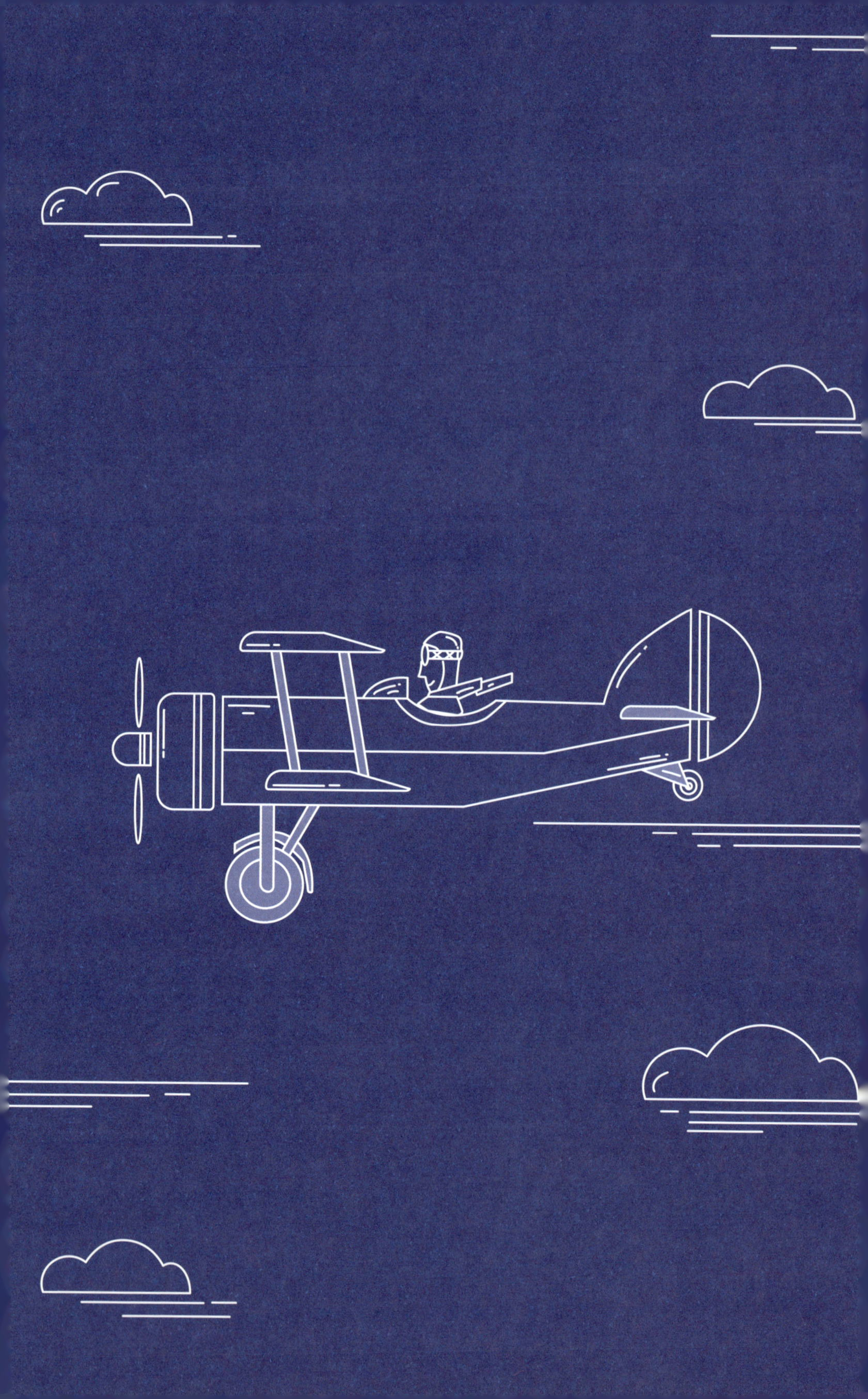

Para definir sua crença, comece excluindo tudo que não é permitido em sua empresa. Reza uma lenda que Walt Disney decidiu construir túneis para seus funcionários caminharem de um lado para outro no parque, depois de ter visto um cowboy perambulando pelo parque futurístico. Um cowboy jamais poderia estar ali. Portanto, qualquer esforço precisa ser feito para impedir que um tipo de fato impossível ocorra.

O que você não permitirá de jeito nenhum em sua empresa? Lembre-se do parque Futuroscope. Um parque baseado no futuro. Nele jamais será permitido um brinquedo retrô. Um carrossel, por exemplo, estragaria a magia.

1._____

2._____

3._____

4._____

5._____

O que não pode faltar? O que faz você abrir mão de tudo? A Disney, por exemplo, abre mão de tudo, se não houver segurança.

1._____
_____

2._____
_____

3._____
_____

4._____
_____

5._____
_____

Com base no que você deseja como projetos da empresa e nos valores que você acredita, defina três degraus que todo projeto ou nova ideia tem de passar antes de entrar em prática:

1._____
_____

2._____
_____

3._____
_____

Para validar a tomada de decisão em escala, preencha o campo abaixo com alguma situação na qual você tomou a decisão nos últimos dias. A sua tomada de decisão foi exatamente como a escala que você acabou de completar?

1._____
_____
2._____
_____
3._____
_____

Resuma em no máximo duas palavras cada um dos degraus da sua tomada de decisão:

1._____
2._____
3._____

4. FORMANDO UM ELENCO

À s vezes, escutamos tanto uma coisa que, quando alguém fala, passamos a não mais dar importância. Assim é a máxima "uma empresa é feita de pessoas". Quem fideliza o cliente de uma grande marca de combustível não é a qualidade do produto e muito menos a propaganda diária no horário nobre da TV, mas, sim, o frentista. Quem faz o açougue de um mercado se destacar está longe de ser a cadeia de distribuição da indústria - seja quão boa ela for -, ou como o gado pasta, mas, sim, o açougueiro. Quem atende você em um caixa de uma grande varejista de roupas é provavelmente a pessoa responsável por sua decisão de voltar a comprar ou não. Por mais que uma grande varejista de roupas tenha bons produtos alinhados com as tendências de moda, com preço baixo e alto investimento em publicidade, você cansa, se houver grandes filas para comprar, ou pode se arrepender se suas compras estiverem mal embaladas. Cuidado, as vezes, os principais pontos de contato com o cliente são os funcionários com menores salários.

Contratar a melhor equipe é indispensável para que você sobreviva em qualquer projeto. Mas lembre-se: encontrar os melhores não é suficiente, você precisa encontrar os melhores para trabalhar com você. Sempre existe um pé torto para um chinelo velho e, por isso, um profissional pode se encaixar de diferentes formas em diferentes empresas, ser excelente para uma pessoa e péssimo para outra. A questão então é contratar pessoas que combinem com o seu jeito de ser e que, acima de tudo, tenham paixão por sua magia. Resumindo: você não deve contratar um vegetariano para servir em uma churrascaria.

A Disney é uma empresa de espetáculos, por isso eles não contratam apenas profissionais, eles contratam membros do elenco. Contratam pessoas que podem fazer o papel do melhor pipoqueiro do mundo e ainda explicam que existem muitas formas de um pipoqueiro agir, mesmo havendo apenas uma.

"PARA CONSTRUIR ALGO GRANDE, CERTIFIQUE-SE DE ENGAJAR A MELHOR EQUIPE."

William Weber

Certa vez conheci um empresário que tinha uma regra simples para contratar e obtinha um bom resultado com ela. Ele só contratava pessoas com quem tivesse empatia suficiente para passar uma noite conversando em uma mesa de bar. A história de que profissional é profissional e não precisa ser amigo fora do trabalho não passa de uma grande bobagem, você não precisa ter os melhores amigos no trabalho e em sua equipe, mas tem de haver alguns interesses em comum e assunto para conversar depois do fim de semana.

E aí, pessoal! Quem viu a novela ontem?

Havia uma situação curiosa na Cuento, o coworking que fundei e onde costumo trabalhar. Uma equipe se instalou lá por algumas semanas para tocar um projeto sério. Pelo menos, parecia bem sério: não se ouvia nada dos integrantes que não fosse o som dos dedos batendo no teclado e alguns comentários pontuais sobre o trabalho. Era o estilo deles. Quietos, centrados, focados. Claro, com a exceção de um deles.

Existia um insistente membro da equipe deles que saía da curva: chegava sempre fazendo barulho e falando alto. Sempre trazia alguma pergunta ou comentário sobre algum episódio da novela ou notícia, para puxar assunto. Mas também era sempre ignorado pelo resto da equipe. Não era por mal: o resto das pessoas simplesmente não estava interessado em quem havia matado o mocinho da novela, muito menos em saber qualquer coisa sobre aquela notícia inusitada sobre golfinhos.

A questão é que existem pessoas que estão interessadas nessas peculiaridades, mesmo cedo, pela manhã, em um coworking. Só não eram as que faziam parte da equipe dele.

Não tive a oportunidade de saber o desfecho dessa história, mas o meu palpite é que essa falta de afinidade, com certeza, afetou os resultados do projeto que a equipe toda estava desenvolvendo. O que acabou sendo um claro exemplo de como é importante formarmos equipes que tenham o maior número possível de gostos em comum. Isso nos conecta e se reflete em trabalhos mais sólidos.

Quando você tem alguém que destoa do resto da equipe, essa pessoa passa a desorientar seu ambiente. Pode ser uma excelente pessoa ou um ótimo profissional, mas, se não houver sinergia entre a equipe e a magia da empresa, dificilmente essa equipe renderá o máximo de seu potencial. Por isso é preciso ter cuidado com o processo de seleção. Mais do que excelentes profissionais, você precisa ter uma equipe que consiga passar a noite se divertindo em uma mesa de bar ou em um escritório cerrado sem janelas. Você precisa de um bom grupo. Um time de amigos.

COMO CRIAR UM
BOM PROCESSO DE SELEÇÃO.

Uma dica para um processo de seleção simples, de baixo custo e qualificado.

1.
Análise de currículo pelo RH
(ou responsável da equipe);

2.
Questionário pronto em ferramenta on-line;

3.
Análise das redes sociais;

4.
Entrevista com o chefe de imediato;

5.
Entrevista em grupo multidisciplinar;

Apliquei esse método em um grupo de concessionárias no qual trabalhei como diretor de marketing e RH, há 10 anos. Nosso turnover foi de 3% para 0,7%, pois as pessoas já entravam na empresa com a confiança de grande parte dos líderes que havia entrevistado e dado 'ok' a eles.

Mais do que isso, os gestores se obrigavam a validar o trabalho dos profissionais no início, pois foram eles que assinaram a contratação. Evitava-se aí a prática do boicote comum em grandes empresas onde os funcionários tentam sabotar uns aos outros.

Quanto aos profissionais que entravam, se sentiam valorizados por passar por um processo de seleção sério, se sentiam escolhidos e de fato eram. Eles entravam na empresa recebendo tapinhas nas costas de quem havia acreditado neles.

Ele é dos nossos.

Certo dia, ainda trabalhando nesse grupo de concessionárias, ouvi um dos gestores fazer um desabafo. "Pessoal, não vou mais participar disso. Quem sou eu para dizer se alguém pode ou não trabalhar na empresa?".

Então respondi: "Tem razão. Separadamente, não conseguimos definir se alguém é o funcionário certo para a empresa. É por essa razão que tomamos essa decisão em grupo. É esse grupo que dá a cara da empresa. Então ninguém aqui está tentando descobrir se uma determinada pessoa se encaixa na empresa, mas, sim, se ela bate conosco."

Lembro que, no fim dessa reunião, selecionamos um candidato com uma frase que serviu de assinatura para todo o processo de contratação: "Ele é dos nossos".

Claro que esse é apenas um exemplo de processo de seleção. Mas gosto muito da frase final dessa história. Pois, é isso que devemos buscar em um colaborador, alguém que jogue do nosso lado. Que batalhe junto e que se identifique com o nosso jeito. Empresas e projetos são tribos que devem permanecer unidas e a seleção correta é um dos pontos-chave para isso.

Quanto à seleção, você deve pensar em um processo que possa se repetir com facilidade. O importante é começar com um método que não será abandonado. Não vale a pena esperar para fazer o melhor processo de seleção do mundo. Você precisa de fato ter algum. Já observei excelentes resultados com processos em que o dono da empresa entrevistava e a segunda etapa era passar uma semana trabalhando. Algumas empresas costumam fazer com que a pessoa passe um dia em cada departamento, outras usam a criatividade e chegam a fazer um show de talentos para os novos candidatos. Independente do processo, escolha um que seja seu, um processo que vai descobrir os pontos fortes e fracos que você precisa saber.

Caso você precise de um vendedor desinibido, coloque os candidatos para fazer apresentação em público; se sua empresa trabalha sobre pressão, crie um ambiente de pressão dentro da entrevista; caso seja um cargo que necessite de muita confiança, finja deixar escapar alguns segredinhos durante a entrevista ou, quem sabe, em um cargo em que você precisa de alguém justo, simule uma briga com mais alguém da empresa e espere a reação do candidato.

A criatividade é muito importante para encontrar sua equipe ideal, mas, aos poucos, verá que, conforme os passos do livro forem preenchidos, as coisas começarão a se ajustar em sua empresa e ficarão mais fáceis.

Mas de nada adianta criatividade sem seu empenho em fazer acontecer. Por isso, a seguir, você tem mais um espaço para exercitar o conteúdo estudado.

Como você escolhe as pessoas para trabalhar no seu time?

_____
_____
_____
_____
_____

Quais são as cinco características que fazem de uma pessoa a candidata ideal para sua equipe?

1._____
_____
2._____
_____

3._____

_____

4._____

_____

5._____

_____

Alguns comportamentos devem ser proibidos dentro da organização. Claro que esses comportamentos mudam, mas você deve definir pontos para as pessoas que vai contratar dos quais você não aceitará de maneira alguma. Quais são os três pontos de corte?

1._____

_____

2._____

_____

3._____

_____

Monte um questionário que auxilie qualquer pessoa a fazer uma entrevista e descubra os pontos positivos e negativos que você necessita:

1._____

_____

2._____

_____

3._____

_____

4._____

_____

5._____

_____

6._____

_____

7._____

_____

8._____

_____

9._____

_____

10._____

_____

Defina um processo de seleção que vá se repetir com tranquilidade e que garanta a seleção de pessoas engajadas com o seu projeto:

1._____

_____

2.

3.

4.

5.

5.
ESCOLA

Ter a melhor equipe é um excelente passo rumo ao sucesso, mas não é garantia que você vá alcançá-lo. Além de conectada com os seus valores, uma equipe precisa compreender o que é fazer parte de sua empresa. E depois de entender as motivações e os valores da empresa, precisa ser treinada, acompanhada e supervisionada para executar suas tarefas diárias com perfeição.

Se da porta da sua empresa para dentro não há uma escola e um processo de aprendizagem, pode ter certeza que seus funcionários vão aprender muitas coisas da porta para fora. É como acontece com crianças que vivem na rua: longe dos colégios, elas aprendem um pouco com cada um, sobre qualquer coisa, sem direcionamento nenhum. O resultado pode até ser um adulto com bons valores, mas será, com certeza, um sujeito de conteúdo aleatório. Então, já imaginou o que um funcionário sem influência da escola da sua empresa pode fazer com sua equipe? Você não vai querer ser reprovado nessa lição.

> "SE VOCÊ NÃO TREINAR SUA EQUIPE, ELES IRÃO APRENDER COM SEU PIOR COLABORADOR"
>
> *William Weber*

Seis meses é o tempo que, em média, uma empresa norte-americana investe em treinamento para que um novo membro assuma sua posição. Uma realidade diferente da nossa, brasileira, onde vemos novos funcionários sendo colocados à frente dos clientes como soldados despreparados em uma guerra. A consequência não poderia ser diferente: clientes insatisfeitos por terem uma péssima experiência.

O ideal é que o treinamento das equipes seja constante; é preciso que se faça um trabalho de capacitação e motivação, para que o trabalho alcance a excelência. Caso contrário, o que vemos é a perda de espaço para aqueles que fazem a diferença.

A Walt Disney World usa um sistema do exército americano presente em quase todos os exércitos do planeta. O mérito cabe ao irmão de Walt, Roy, que pertenceu às forças armadas americanas e aplicou as boas práticas na companhia.

Na Disney assim como nas forças armadas um novo membro do elenco é obrigado a passar por uma semana de aprendizagem da história da Disney. É como um processo de nivelamento; não basta você ser bem selecionado, a empresa certificar-se de que você está no mesmo nível de cultura que todo mundo e que, quando entrar para trabalhar, não será influenciado por maus membros da equipe.

Em empresas é muito comum termos a famosa fruta podre; alguém que vive reclamando que está insatisfeito com a forma como as coisas funcionam. Esse funcionário irá influenciar novos colaboradores que não passaram por um processo de aprendizagem da cultura da empresa e logo tudo estará perdido. Claro que você não necessita fazer uma semana de aprendizagem da cultura da empresa, mas uma apresentação em Powerpoint que sirva de apoio para que você conte a história da empresa sempre que entra um novo colaborador pode ser uma ótima forma de manter a razão de trabalhar no seu negócio viva e fresquinha na memória de todos.

Seguindo os passos do exército, após essa semana de aculturamento, os soldados começam a aprender coisas específicas da sua atividade futura, como, por exemplo, limpar armas ou montar barracas com gravetos no meio da mata. Esse aprendizado se dá de duas formas: em pequenos grupos responsáveis por ensinar a parte técnica e também por um apadrinhamento, ou seja, cada um dos novos soldados recebe um padrinho, alguém que é exemplar na corporação e que pode ser um grande mestre para o novato. Essa pode ser uma excelente ideia para o seu negócio, pois apadrinhar um novo colaborador é uma forma de valorizar tanto quem está entrando quando o funcionário antigo, que vai ter certeza de que é alguém valioso para a empresa, sendo responsável por acompanhar e ensinar o novo membro da equipe.

Claro que o ideal seria ter uma escola grande como o Disney Institute com salas de aula, professores e uma verdadeira academia para funcionários com cursos de todos os tipos. Mas essa é uma estrutura para poucos. Por isso, devemos estar atentos a oportunidades de educar nossa equipe, sem seguirmos metodologias tradicionais.

A própria Disney usa muitas técnicas diferentes de educar, por exemplo, os personagens criados por Disney e sua turma. Cada um deles tem valores que a empresa acha interessante passar às equipes e, por isso, são verdadeiros professores. Frases do Tio Patinhas sobre economia ensinam tanto crianças no mundo todo como colaboradores da Disney. Assim como as frases do Mickey ensinando como é importante ter a felicidade e o amor acima de tudo. Pelo menos é isso o que acontece, quando um membro do elenco Disney está desmotivado: ele visualiza uma foto do Mickey sorrindo e dizendo uma frase motivacional impactante. É como um lembrete anotado no canto de um caderno, algo que a empresa está cobrando de maneira sútil.

Conheço uma agência de publicidade que trabalha totalmente remoto, todos os membros da equipe são contratados de maneira on-line e raramente têm contato pessoal com os fundadores da empresa ou com seus colegas de trabalho. Mas nem por isso a empresa deixa de passar sua cultura aos novos membros. De uma maneira simples, é enviado um e-mail para cada novo colaborador, desejando as boas-vindas e contando um pouco dos motivos pelos quais a empresa o contratou. No WhatsApp o novo trabalhador recebe um áudio dos sócios, contando a história da fundação da empresa e o que eles valorizam em um profissional. Uma maneira simples e eficaz de manter todos alinhados.

Mais diferente ainda é o formato encontrado em Gramado. Claro que a cidade possui diversas escolas de atendimento, além de uma das melhores faculdades de hotelaria do país. Mesmo assim, Gramado é uma cidade encantada, onde cada um dos turistas que visita a cidade se torna educado como em um passe de mágica. Para que isso aconteça são necessários alguns truques de educação instantânea de turistas. Para que todos passem devagar na avenida principal e parem nas faixas de segurança, o asfalto foi levantado, obrigando o motorista a parar, antes de atravessar a faixa de segurança. Um truque semelhante acontece com as rótulas para os veículos. Tradicionalmente os motoristas atravessam as rótulas de todo o Brasil em alta velocidade e sem dar a preferencial. Em Gramado, as rótulas são móveis e a cidade troca a decoração a cada nova temática da cidade. São verdadeiras obras de arte nos canteiros das ruas, fazendo com que os carros passem devagar, observando os detalhes e a beleza de cada enfeite. Assim, os motoristas param e deixam a preferencial ao próximo.

Além dessas boas práticas, algumas outras ações são essenciais e de baixo custo para as empresas, como oferecer dicas de atendimento telefônico em um papel ao lado do telefone, ou regras de funcionamento do depósito atrás de uma porta. Manter a equipe informada é essencial para que a escola da vida não tome conta dos costumes da empresa.

Sabemos que o país passa por diversas crises, que tradicionalmente empresas brasileiras vivem com problemas de fluxo de caixa, e isso geralmente é usado como desculpa para investimento em treinamento. Inclusive a constante repetição da falta de dinheiro no caixa para diferentes investimentos pode ser motivo para acabar desmotivando seus colaboradores. Daí é que vem a importância de mantê-los motivados e inspirados, para superar esses momentos de enormes desafios.

Algumas dicas a seguir podem de alguma forma mexer com a autoestima da sua equipe, para que todos se sintam "vacinados" contra o cenário tenebroso que ouvimos falar o tempo todo.

No atual cenário econômico do Brasil, essa necessidade se faz ainda mais clara: com pouca perspectiva financeira, não pode haver espaço para a desmotivação dos colaboradores. Por isso, é importante alavancar a autoestima de sua equipe e vaciná-la contra os problemas externos que podem influenciá-los.

ALGUMAS DICAS PARA MOTIVAR SEUS COLABORADORES.

Reuniões de incentivo: use sua fala de líder para assumir a responsabilidade da equipe e gerar entusiasmo.

Faça um workshop motivacional. Se possível, fora do ambiente da empresa, com o intuito de trazer descontração a sua equipe.

Transforme o local da empresa em um ambiente motivacional por si só. Espalhar frases inspiradoras pelos espaços é uma boa ideia.

> Elogios. Nunca os economize, quando puderem ser feitos. É uma forma muito eficaz de elevar a autoestima de alguém. Afinal, quem não gosta, certo?
>
> Nunca esqueça de agradecer. Cada colaborador merece ter seu esforço reconhecido.

Entre o treinamento das equipes está a necessidade de manter a equipe motivada. Acredito em dois tipos de motivação. Primeiro, a interna, como já foi dito, formando um elenco perfeito para a sua magia. A segunda se refere às campanhas de incentivo e de palestras motivacionais. Tem gente que diz que palestra motivacional não funciona pois "a pessoa fica super motivada e, quando sai da palestra, um tempo depois, se desmotiva". Isso é verdade. Quando ela se desmotiva está na hora de fazer de novo. Seu carro precisa de gasolina para andar. Se termina a gasolina e você não para o carro para abastecer, tem de parar de andar de carro. Encontre maneiras de fazer shows de entusiasmo para sua equipe. Um método que aprendi trabalhando para a Dell Computadores é dividir o ano em quatro e dar um tema e objetivos diferentes para cada trimestre. Enchendo de brincadeiras e coisas lúdicas. Assim, em três meses, você tem tempo de compreender o objetivo, se motivar para alcançá-lo e correr atrás sem se desgastar. Após três meses, troca tudo, para não virar paisagem, para não entrar no espaço ótimo. Melhor ainda, se no final de cada um desses três meses você puder fazer uma festa. Não precisa ser um grande evento, se sua equipe for pequena pode ser um bolo com guaraná. Se houver uma verba maior na jogada, não economize, leve o pessoal para um passeio, uma viagem. Las Vegas. Por que não?

"Cada minuto que você passa irritado são 60 segundos de alegria perdida."

Mickey Mouse

Qual o método de aprendizagem dos seus funcionários hoje?

_____
_____
_____
_____

O que eles precisam aprender sobre a sua história?

_____
_____
_____
_____
_____
_____
_____
_____
_____
_____
_____
_____

O que sua equipe, seus colaboradores precisam aprender sobre a parte técnica?

1. _____
_____
_____
_____

2. _____
_____
_____
_____

3. _____
_____
_____
_____

4. _____
_____
_____
_____

5. _____
_____
_____
_____

Quem vai ensinar? Lembre-se que nem sempre necessitará de um professor e, por isso, o "quem" poderá ser substituído por "o quê", por exemplo: uma folha de papel com o telefone das filiais ao lado da recepcionista.

1. _____

_____

_____

_____

2. _____

_____

_____

_____

3. _____

_____

_____

_____

6. ENCANTAMENTO

Empresas muito bem-sucedidas deixam a expectativa alta. É comum que grandes empresas tenham clientes insatisfeitos por não conseguirem suprir todas as expectativas esperadas pelos consumidores. Podemos resumir a arte do encantamento na incansável maneira de superar a expectativa. E por que chamo de arte? Explico: encantar é criar processos para surpreender o cliente onde ele menos espera. O fato é que é impossível criar um processo padrão para encantar; é necessário criar um clima de encantamento, um sistema de liberdade de atuação das pessoas, um processo livre e controlado que beira à genialidade. Encantar é a arte de deixar as pessoas felizes.

Certa vez, estive em uma loja da M&M's na Times Square, em Nova Iorque. É uma loja linda. Dois andares, muitas cores e uma arquitetura perfeita. Estava tudo muito legal até que um funcionário da loja escuta a música "Black or White" do Michael Jackson e, em meio à escada rolante, ele começa a fazer uma performance incrível, dançar, cantar, jogar luva para o alto e tudo. Não foi preciso muito para a loja inteira ver o garoto dançando. Ao terminar a música, estavam todos boquiabertos, aplaudindo com entusiasmo aquele verdadeiro show off-Broadway. Isso é encantar, é fazer o que ninguém espera e satisfazer o cliente. Porém, não há como colocar uma performance dessas no processo de trabalho, é preciso dar liberdade e criar um clima para que, quando surgir a oportunidade, o colaborador esteja engajado e faça o encantamento com prazer.

SOMENTE UMA EQUIPE ENCANTADA PODE ENCANTAR.

William Weber

Neste momento, o modo com que você se relaciona com seus funcionários é uma das peças fundamentais para você encantar. Antes de tudo, você precisa saber logo de cara sobre as principais motivações de cada membro da sua equipe, para entender como sua empresa é vista. Quando essa visão é ofuscada, fica difícil reter talentos. E então lá vai você para mais uma contratação. Por isso, mapear o fluxo de crescimento e evolução na carreira dos seus colaboradores é essencial.

A evolução precisa ser uma constante na rotina da sua empresa. Por isso, o ideal é investir em conhecimento para os funcionários, estimulando cursos, workshops e outras atividades especializadas em suas áreas. O ganho é mútuo, já que você contará com funcionários mais motivados para propor novas soluções, o que trará mais resultados ao seu trabalho.

Abra as portas do seu escritório. Quanto menos distanciamento entre você e seus funcionários melhor para a empresa. É comum vermos em empresas mais engessadas uma certa "aura" que divide líderes dos liderados. Muitas vezes, ocorre uma falsa impressão de que por trás da porta da sala de reuniões há um universo totalmente inalcançável. Isso precisa ser combatido.

Em processos de tomada de decisão, é extremamente saudável compartilhar questões da empresa com seus funcionários. Com isso, cada um se sente mais pertencente à empresa e menos como um mero nome na folha de pagamento. Mesmo que haja resistência por parte dos colaboradores em discutir rumos da empresa, essa simples ação já é o bastante para aproximá-los de você.

Outra prática muito válida é apostar em diferentes formas de bonificação. Cada tipo de função, desafio e momento merece um tipo de reconhecimento. Por isso, invista em analisar o pagamento de comissões e metas a partir de outros ângulos. Isso faz sua equipe se reinventar.

A pizza na comemoração de resultados excelentes precisa servir mais do que a você apenas e aos outros líderes. Quando sua empresa atinge bons números e você deixa suas equipes de fora da celebração, cria-se aí uma desvalorização do funcionário que teve sua participação no trabalho. Envolva seus colaboradores, espalhe as boas notícias e faça-os sentir como realmente são: partes de um propósito.

O encantamento é como um trem seguindo por trilhos cheios de obstáculos. Para que ele chegue até onde você quer, é preciso fazer a manutenção da via. Tirar os obstáculos e impedir que as possíveis ameaças façam sua viagem parar. É por esse motivo que você precisa ter discernimento na hora de cuidar de conflitos. Afinal, uma equipe é formada por pessoas de diversas culturas e formações e, quando reunidas num mesmo ambiente, podem causar algumas disputas, brigas e desentendimentos.

É claro que não existe uma fórmula zen dos monges do Himalaia para evitar o estresse entre suas equipes. Mas o seu papel é estar disposto a solucionar esses problemas e retomar o clima de trabalho saudável, se assim for necessário. Seja profissional, busque entender a causa do problema e entre num acordo com os envolvidos sobre qual a melhor forma de ajustar a situação. Brigas acontecem; o importante é você deixar claro que é um líder com vontade de ver todos em harmonia.

Por sinal, essa mesma diversidade deve ser vista com bons olhos. Ao gerir uma empresa, você precisa abraçar as diferenças. Quanto mais diverso for o repertório dos seus colaboradores mais alternativas você terá para superar desafios. Por isso, invista em criar ambientes onde pessoas de diferentes idades, formações, credos, etnias, gêneros e perfis psicológicos possam trabalhar em conjunto.

BOTANDO A MÁQUINA DO ENCANTAMENTO PARA FUNCIONAR.

Agora que você já se preocupou em encantar primeiro a sua equipe, podemos avançar um passo e nos voltarmos para o cliente. Existem várias abordagens e modos de pensar para que uma ótima experiência seja passada ao público final. Veja alguma delas:

Atendimento é um diferencial.

Da cidade que eu venho, um dos principais mercados é o de lanchonetes. Lá o prato mandatório é o famoso cheese gaúcho, uma espécie de hambúrguer em um pão maior e com recheios variados. Entre essas lanchonetes, o sabor não varia muito; muito menos a experiência. É claro que existem locais mais casuais, outros mais formais, mas não há nenhum diferencial gritante na receita de nenhuma delas, e o motivo é claro: o cheese é um lanche típico; mudar a receita seria muito arriscado.

É nesse momento que o atendimento entra na jogada. Entre todas as lanchonetes, o sabor pode se diferenciar pouco, mas a qualidade dos garçons é claramente notada pela clientela. Quem é da cidade sabe onde vai ser servido do jeito que gosta e onde será chamado pelo nome, como um amigo. Nem é preciso dizer que são esses lugares que atraem mais público.

O que faz esse atendimento ser um diferencial? É a capacidade de entender o que o seu público quer. Ele já espera receber um bom produto, afinal, qualidade é essencial, mas, quando o assunto é atendimento, você tem aí uma chave para surpreendê-lo. É preciso saber ouvir, se colocar no lugar do outro e captar os sinais do seu futuro comprador.

Foque no cliente certo.

Essa etapa é totalmente sobre uma tomada de consciência. Para fidelizar seus clientes, você precisa focar no público certo e se desapegar da ideia de que pode abraçar o mundo. Por isso, direcione suas ações estratégicas para os seus clientes de potencial real. Quem são os seus clientes? O que eles querem? Onde eles estão? O que eles esperam do seu serviço? Responder essas perguntas é o primeiro passo.

Depois de encantar, acompanhe.

Toda estratégia precisa ser otimizada constantemente. Por isso, não hesite em monitorar suas ações voltadas para a fidelização de clientes, seja em campanhas publicitárias ou conteúdo exclusivo. Você precisa contar com uma equipe focada em resultados e encarar esse processo como um ciclo: quanto mais você monitora mais conhecimento tem sobre seu público e mais capaz sua empresa se torna para fidelizar outros clientes.

Quer saber se está encantando ou não? Convide sua equipe para escrever suas histórias de encantamento. Invista em prêmios para que eles contem com emoção. Por fim, compartilhe essas histórias com uma terceira pessoa, se ela se emocionar, encantou.

O que você faz para encantar seus colaboradores?

1._____
_____
_____
_____

2._____
_____
_____
_____

3._____
_____
_____
_____

4._____
_____
_____
_____

5._____
_____
_____
_____

O que você faz para encantar seus clientes? Como seus colaboradores devem encantar seus clientes?

1. _____
_____
_____
_____

2. _____
_____
_____
_____

3. _____
_____
_____
_____

4. _____
_____
_____
_____

5. _____
_____
_____
_____

Como você fará para que seus colaboradores contem histórias de encantamento e sejam premiados por isso?

1._____
_____
_____
_____
_____
_____
_____
_____
_____

7. INNOVATION

Existem duas formas de inovar sua empresa e seu projeto. A primeira e mais tradicional é tornar seus produtos, serviços e processos cada vez um pouco melhores. Por exemplo, substituir uma planilha manual por uma construída no Excel já é inovação que vai melhorar o dia a dia da empresa.

É preciso acreditar na inovação. Tanto na tradicional, quanto na disruptiva, afinal, uma formiga anda muito mais rápido se usar as pernas de um elefante. Por isso, guarde espaço em sua empresa para quebrar paradigmas.

Um bom exemplo de inovação disruptiva aconteceu no mercado de games. Em princípio, nos anos 80 e 90, os videogames de sucesso eram criados para as crianças. A Nintendo, líder do segmento, possuía uma grande diversidade de games para crianças e toda a comunicação era voltada para isso. Até que a Playstation decidiu comunicar sua nova plataforma para adultos e focar todo o desenvolvimento de jogos e comunicação para o público mais velho. Resultado: a Playstation inverteu o mercado e passou a liderar o segmento, mesmo 20 anos depois.

A inovação disruptiva requer coragem e atenção aos detalhes; só assim você não deixará nenhuma oportunidade passar. Além disso, muitas vezes a melhor forma de desenvolver uma inovação é buscando um parceiro que já domine a tecnologia. Como é o caso dos primeiros filmes da Disney e Pixar, quando Steve Jobs entrou no projeto de filmes de animação e a Disney continuou contando boas histórias. Os dois juntos mudaram o mercado de animações para sempre. Não tenha receio de dividir o bolo.

O QUE TORNA UMA EMPRESA INOVADORA?

Está mais do que claro que, daqui para frente, a inovação vai se tornar pauta cada vez mais obrigatória no dia a dia das empresas. Daí vem a preocupação de diversos CEOs em abrir suas mentes para novas ideias e promover espaços para a experimentação. Porém, isso está longe de ser o bastante.

É preciso entender que levantar a bandeira da inovação é muito fácil; difícil é cravá-la na estrutura da empresa de forma que nenhum vento a derrube. Em outras palavras, seu papel como gestor é transformar seu negócio de modo que ele possa receber a inovação e dar tudo o que ela exige.

Como exemplo, trago um case de uma determinada empresa nacional de softwares corporativos. Eles planejaram lançar uma plataforma de IOT (internet das coisas). Uma plataforma disruptiva que faz a conexão de diversos produtos até então off-lines. Trata-se de, por exemplo, seu carro avisar seu home theater qual a música que você quer ouvir, quando abrir a porta, ao chegar em casa.

Neste exemplo, a grande diferença para que o projeto fosse aplicado com êxito e dentro do prazo planejado foi a escolha dos profissionais. A empresa elencou os melhores nomes para tocar o projeto, isolou-os dos colaboradores antigos e aplicou métricas específicas para acompanhar o grupo. Quando o assunto é inovar, isso é o que diferencia os casos de fracasso dos de excelência.

O problema é que existe uma deficiência por parte dos CEOs em valorizar o papel da equipe em projetos inovadores. É comum a contratação de funcionários pouco preparados, com habilidades medianas de inovação e pouca experiência. Ou pior: às vezes, existem pessoas realmente talentosas para inovar, mas que estão envolvidas com o trabalho tradicional e já consolidado que mantém a empresa em pé.

Não tem jeito. O melhor jeito de aumentar as chances de sucesso na hora de propor estratégias disruptivas é trabalhar com grandes talentos e fornecer tudo o que eles vão precisar. É preciso que a inovação tenha foco total no que está trabalhando, de forma que nenhuma tarefa de outras responsabilidades da empresa interfiram. Quando a inovação atrasa, pode perder uma grande oportunidade. E todo mundo sabe que o combustível da inovação são as oportunidades.

Qual o calendário de inovação de sua empresa? Ou seja. Como você se programa para inovar?

1. _____
_____
_____
_____

2. _____
_____
_____
_____

3. _____
_____
_____
_____

Quantos processos você possui hoje com oportunidade imediata de inovação? Descreva-os:

1. _____
_____
_____
_____
_____

2. _____
_____
_____
_____
_____

3. _____
_____
_____
_____
_____

4. _____
_____
_____
_____
_____

5. _____

6.

7.

8.

9.

Você enxerga alguma inovação disruptiva?
_____
_____
_____
_____
_____
_____

Pense em um produto/serviço que você e todos seus concorrentes possuem e são muito semelhantes:
_____
_____
_____
_____
_____
_____

Encontre três pontos iguais entre sua empresa e seus concorrentes:
_____
_____
_____
_____
_____
_____

Descreva como você poderia fazer esse produto/serviço ser totalmente diferente dos seus concorrentes:

_____
_____
_____
_____
_____
_____
_____

8. BRAND EXPERIENCE

Para transformar seus clientes em fãs, você precisa criar uma marca forte. As pessoas precisam se envolver com essa marca e para que isso ocorra ferramentas como o Brand Experience (marketing experiencial), BrandSense (marketing dos sentidos) e storytelling (contar histórias) são essenciais.

Brand Experience é o conjunto de sentimentos, sensações e memórias que o consumidor tem em relação a sua marca. Por isso você deve fazer uso dos sentidos. Quanto mais pontos de contato o consumidor se envolver mais próximo ele estará da sua marca. Por isso cheiro, gosto, visual, tato e sons são todos bem-vindos. É preciso fazer as pessoas se envolverem, sentirem e estarem na sua história.

Acima de tudo, Brand Experience é fazer as pessoas sentirem a sua empresa, terem sensações e sentimentos por meio dos pontos de contato que têm com sua marca. Por isso, é preciso se mostrar vivo.

O BRAND EXPERIENCE APLICADO AOS NEGÓCIOS.

Há 40 anos existe em Porto Alegre uma feira de artesanatos, antiguidades e artes plásticas chamada Brick da Redenção. Ela carrega esse nome por estar situada ao lado de um dos parques mais arborizados do país, o Parque Farroupilha, que também é conhecido como Parque da Redenção. A feira reúne todos os seus expositores apenas de um lado, sendo um belo passeio caminhar pela via e poder acompanhar um tipo de atração por vez.

Neste ambiente repleto de relógios feitos de vinil, moedas antigas, esculturas de alto valor e livros, existem expositores que fazem mais do que armar suas cadeiras de praia e apenas esperar pela clientela. São esses que fazem Brand Experience sem nunca ter ouvido falar nisso.

Há uma banca que vende lindos artefatos talhados na madeira. Por si só, eles já agarraram minha atenção na primeira vez em que os vi, tamanha era a riqueza nos detalhes. Mas só a evidente qualidade do produto não era o bastante para que eles fossem vendidos, e quem estava do outro lado da banca sabia bem disso.

Com um kit repleto de ferramentas brilhantes e um martelo, esse artesão demonstra todo o seu talento aos olhos de quem está passando. Ninguém percebe as lascas de madeira caindo no chão: quem fica para ver o trabalho só tem olhos para o cuidado com o que a peça de madeira é talhada, para se transformar em objeto decorativo. Ele consegue capturar a visão plena de um público que, a princípio, estava apenas passando para dar uma olhadinha. Tudo isso colocando as pessoas em um processo de intensa imersão na sua técnica.

O que este artesão fez? Brand Experience.

O QUE O BRAND EXPERIENCE PODE FAZER POR SUA MARCA.

Aumenta a confiança.

Quando uma marca atesta seu conhecimento no ramo, ela prova que seus produtos são feitos por quem sabe do que está falando. É o caso, por exemplo, de uma confeitaria que, mais do que vender suas delícias, produz um conteúdo de sucesso em seu próprio canal no Youtube. Por meio dos vídeos, essa empresa conquista fãs que defendem a marca do negócio.

Fortalece a lealdade dos clientes.

É extremamente importante saber transmitir seus valores ao público. Isso permite que você não venda apenas o produto, mas toda a ideia por trás da sua empresa. A Dove, por exemplo, defende a valorização da beleza interior das mulheres. Não se trata de apenas comprar um sabonete agradável, mas, sim, apoiar uma causa com a qual você se identifica. Quando se trata de uma causa nobre, não faltam defensores.

Foca nas necessidades do cliente.

A arte do Brand Experience está em focar suas ações nas necessidades do público-alvo. Caso contrário, de nada vale investir tempo e dinheiro em uma empresa que não está alinhada ao que seus clientes precisam. Para que as estratégias de Brand Experience sejam aplicadas com precisão, é preciso estar sempre a par dos problemas e dores dos seus consumidores.

Assegura a estabilidade.

Cenários de instabilidade atingem de pequenas a grandes empresas. A grande questão está em ter as cartas certas na manga, para poder garantir sua participação no mercado. Por isso, táticas voltadas à experiência são totalmente adequadas. Elas garantem estabilidade principalmente porque permitem a mudança das estratégias ao longo do caminho.

TRÊS GRANDES EXEMPLOS DE SUCESSO.

Apple

Basta uma maçã e pronto: você já sabe que o produto carrega inovação em seu DNA. Isso se deve ao fato de que, desde o seu surgimento, a Apple sempre buscou comunicar que se importa em oferecer soluções inovadoras para o mundo. Steve Jobs, por si só, já é uma máquina de Brand Experience, servindo como ícone máximo da tecnologia na contemporaneidade.

SpaceX

Elon Musk e sua empresa fabricante de foguetes estão sempre aprontando algo. Entre uma de suas peripécias está o lançamento de outra invenção, o Tesla Roadster. O esportivo foi lançado em um foguete em direção a Marte, e teve toda a transmissão feita ao vivo pela internet. O lançamento gerou tanto *buzz*, que Elon Musk está sendo considerado a figura que faltava para tornar a ciência novamente atraente para as novas gerações.

Zappos

Referência mundial em estratégias de marketing digital, esta empresa de calçados utiliza as redes sociais para se aproximar do público em busca de relações construídas à base de confiança e honestidade. Mais do que uma entrega do produto, eles sempre procuram superar a expectativa de quem adquiriu um de seus calçados.

BRAND EXPERIENCE NA INTERNET.

Em 2015 a Miami ad School, uma das principais escolas de comunicação dos EUA recebeu o Social Media Weekend nos Estados Unidos. Para mim, foi uma grande oportunidade para dividir com colegas os resultados obtidos no Brasil e para entender como as pessoas trabalham as redes sociais ao redor do mundo. Às vezes, temos visões errôneas quanto à evolução de algumas questões serem lentas no Brasil. É exatamente o caso das redes sociais e da internet. Existem muitas diferenças e, por isso, foi legal dividir essas experiências.

No Brasil, nosso povo costuma compartilhar as coisas com muita espontaneidade; utilizamos mais o Facebook e todos gostam de dar opinião e se mostrar. Já nos Estados Unidos, por exemplo, as pessoas utilizam muito mais o Twitter e o principal objetivo é buscar informação. Sendo assim, não são publicadores compulsivos. Para se atingir um bom resultado em uma campanha de redes sociais é necessário um esforço e um investimento muito maior.

Mas com toda essa dificuldade, quais eram os cases que se destacavam? Aos poucos fui percebendo que os cases de maior resultado eram os que contavam histórias. Muitas vezes achamos que o contato virtual não nos permite passar emoções ou fazer o cliente comprar pela emoção. Embora hoje as redes sociais sejam a maneira mais próxima de estarmos com nossos clientes, muitas vezes as utilizamos de maneira inadequada, preocupados apenas com números e resultados. É fácil nos deixar levar por relatórios de Facebook, Instagram e resultados de Inbound Marketing[1] quando, na verdade, deveríamos prestar atenção nas pessoas que estão lendo as histórias em nossas postagens.

Lá no congresso em Miami, ouvi de um social media da Microsoft a seguinte frase: "Nosso único trabalho é nos conectarmos com as pessoas". Achei incrível, pois temos a tendência em esperar cada vez mais vendas e resultados, não valorizando a conexão com nossos clientes. Isso quer dizer que, para ganhar dinheiro na internet, você precisa de boas histórias. Depois você pensa no produto.

---

1 *Inbound Marketing*: *conjunto de estratégias focado em atrair o público voluntariamente. Se utiliza de blogs, podcasts e vídeos entre outros formatos para o marketing de conteúdo.*

> "VOCÊ QUER CONQUISTAR AS PESSOAS? TRANSFORME SUA OPINIÃO EM HISTÓRIAS."
>
> *William Weber*

CONTAR HISTÓRIAS CONTA MUITO.

Na obra A República, de Platão, foi lançada uma famosa alegoria intitulada "O Mito da Caverna". Resumidamente, a história é sobre um grupo de pessoas que viveu por toda sua existência dentro de uma caverna isolado do mundo real. Nessa caverna, a luz que passava pelas frestas das pedras formava sombras na parede e eram essas sombras as únicas referências de realidade que esse grupo possuía. Até os dias de hoje, não houve história de igual tamanho que pudesse oferecer uma metáfora tão rica quanto essa criada por Platão. E isso não se dá apenas porque ela é fácil de entender, mas sim por ser fácil de lembrar.

No início da humanidade, ou seja, lá nos primórdios da nossa espécie, onde o único entretenimento que existia tratava-se de fugir de animais selvagens e mastigar grãos duros, o storytelling ainda não existia. E o fato de ainda não existir tinha muita relação com o nível de evolução dos nossos ancestrais naquela época.

Existe uma parte do livro Sapiens - Uma Breve História da Humanidade que trata muito sobre essa questão. O autor, Yuval Harari, afirma que os humanos, individualmente, são absolutamente semelhantes aos chimpanzés. Na verdade, se tivéssemos que lutar contra um para garantir nossa sobrevivência, o placar não seria muito atraente para o nosso lado. Entretanto, quando passamos a agir coletivamente, nossa eficiência como espécie é incontestável. Isso se dá pelo fato de que nós, seres humanos, temos a habilidade de nos organizarmos em grupos e agir com uma cooperação flexível, uma combinação que não é encontrada em nenhum outro ser vivo desse planeta.

Mas o que garante essa cooperação? As histórias que criamos. Conforme os milhares de anos foram passando, a estrutura social de nossa espécie se aperfeiçoou, formando assim as religiões e outros tipos de crenças. Crenças que podem se referir desde a grandes civilizações como os Maias, que tinham diversos rituais, até uma empresa como a sua que possui determinadas condutas.

A história é mais do que um discurso, é um elo de integração da humanidade. Seja a partir da criação de mitos como Jesus Cristo como das missões, visões e valores da Disney, temos as normas necessárias, para que milhões de pessoas cooperem entre si. Basta olharmos para os estádios de futebol: milhares de pessoas que não se conhecem xingam o juiz em coro, vestem as mesmas cores e se abraçam quando o time faz gol. O que une essas pessoas? O amor pela história de um time.

UMA BOA HISTÓRIA GERA MAIS DO QUE ENGAJAMENTO; GERA SINTONIA.

William Weber

Também conhecida como Monomito, a Jornada do Herói é uma ideia desenvolvida pelo antropólogo Joseph Campbell, que, após estudar diversos mitos como Jesus Cristo, Buda e as figuras da mitologia grega, percebeu que poderia categorizar todas essas histórias em sete passos. Trata-se de um modelo clássico de contar histórias, que está presente em todas as culturas do mundo e, por isso, é reconhecido universalmente.

Para ilustrar quais são esses sete passos, vamos usar este livro como exemplo.

AS ETAPAS DA JORNADA DO HERÓI.

1
Apresentação do herói.

Camila é dona de uma loja de calçados no centro de uma capital, liderando uma equipe de cinco vendedores. Gosta muito do seu trabalho e tem orgulho de ter erguido quase sozinha o sonho da sua própria empresa. Embora tenha percebido uma baixa da clientela, nos últimos meses, se mantém otimista e acredita tratar-se apenas dos resquícios da crise na economia.

2
Chamado para o desafio.

Estava tudo correndo bem, até que, certo dia, junto do seu contador, Camila percebeu que o retorno financeiro da sua loja em breve não daria mais conta de manter as portas abertas. Era preciso uma estratégia para formar novos clientes e regularizar as condições da sua loja.

3
Recusa ao chamado.

Camila entendeu os principais problemas que estavam impedindo a entrada de novos clientes em sua loja. Iam desde a fachada danificada até o mal-humor dos funcionários. Além disso, sabia que já havia passado da hora de fazer fotos dos produtos e lançar um e-commerce.

Com tantos empecilhos, não sabia por onde começar e cogitou largar o negócio.

4
Descoberta de um mentor.

Então, navegando pela internet, Camila acaba conhecendo o livro Dez passos da Magia, com conhecimento do entretenimento aplicado aos negócios. Exatamente o tipo de conteúdo que ela estava procurando para tornar sua loja mais atrativa para seu público.

5
Aceite ao chamado.

Mais confiante, ela estuda todos os passos do livro e se empenha em aplicar cada um em sua loja. Aos poucos, foi conseguindo inserir na cultura da sua empresa as diversas ferramentas que faltavam para conquistar clientes.

6
O herói é testado.

As condições pareciam promissoras, seus colaboradores já estavam demonstrando sinais de que o treinamento funcionou, a fachada foi alterada para uma mais chamativa, as vitrines foram repaginadas e as fotos dos produtos estavam sendo feitas. No entanto, parecia faltar alguma coisa. Os clientes iam até a loja, avaliavam bem nas redes sociais, mas nunca levavam nenhum produto.

7
A batalha final.

O tempo estava passando e Camila não podia mais errar; era preciso apostar em algo que realmente fizesse seus produtos serem adquiridos.

Foi então que Camila percebeu: havia ignorado um dos passos da Magia: o Brand Experience.

A solução passou a ser óbvia: os clientes não estavam adquirindo os sapatos porque não estavam experimentando-os. Com isso em mente, Camila tomou um empréstimo no banco e planejou um espaço na loja que servisse café, além de dois confortáveis sofás. Com isso, instruiu seus vendedores a sugerir produtos parecidos com os que os clientes mais gostavam.

Resultado: a estratégia foi um sucesso. O espaço conseguiu fazer com que a clientela se sentisse confortável a partir de uma atmosfera toda planejada para causar bem-estar, desde o cheiro do café até o conforto dos sofás.

Camila agora planeja criar um clube e realizar encontros quinzenais nesse mesmo espaço, para compartilhar dicas de estilo e mostrar, em primeira mão, as principais novidades do seu portfólio de produtos.

BRANDSENSE.

Ele chega tarde da madrugada, tira os sapatos e vai tomar uma ducha, tentando fazer o mínimo de barulho para não acordar sua esposa. Ela, que apenas fingia dormir, espera ele entrar no box do chuveiro para se levantar e ir em direção ao cesto de roupas sujas. Então, depois de pegar a camisa que ele jogou ali, sente um perfume que afirma sua suspeita: traição.

Após uma entrevista de 20 minutos, o diretor da loja e um dos gerentes que também acompanhava a conversa dirigem o candidato para a saída. "Nossa, você viu o currículo dele? Ele com certeza vai agregar muito a nossa equipe", o gerente diz para o diretor. "Ele não serve para nossa empresa", o diretor afirma. O gerente se choca e questiona o motivo. Então o diretor olha para o gerente e diz: "O aperto de mão dele é fraco".

Um paciente que se recupera de um implante de marca-passo acorda na sala de um hospital. A parede branca e a luz dura logo imprimem nele uma sensação de solidão, o que o faz pensar que a vida não será a mesma dali pra frente. De repente, a enfermeira chega e abre as cortinas. Está um dia lindo lá fora e a vista dá para uma pracinha repleta de crianças brincando. A solidão sumiu porque agora ele pensa em seus netos.

A mesa está linda. Vinho francês, uma deliciosa massa à carbonara, vela e arranjos com flores por toda a parte. Mas há um problema, já se passaram 15 minutos. "Será que ela vem?" ele pensa. "Talvez eu tenha criado muitas expectativas. Olha só pra mim! Que vergonha! Como pude acreditar que ela fosse aceitar um jantar em minha casa logo no segundo encontro e... ding-dong. A campainha toca; ela veio!

Há 5 anos, ele fez as malas e correu atrás do seu sonho. Passou por muitas necessidades na Europa, dormiu em péssimos lugares, foi roubado, teve seus sonhos colocados à prova diversas vezes. Mesmo assim, com tantos desafios, fez seu nome e conquistou diversos prêmios como chef culinário. Agora, ele está diante do seu prato preferido: o arroz com guisado e batata (preparado por sua mãe). Ele dá uma primeira garfada, e comprova: por maior que seja seu conhecimento sobre cozinha internacional, ele nunca conseguirá preparar um prato cujo sabor transmita tão bem a sensação de estar em casa.

Cinco histórias diferentes sobre a influência que os sentidos têm em nossas vidas. Em cada uma, podemos entender a forma com que cada um serve como ponte para uma reação e uma emoção. Para a esposa, o cheiro leva à dor da traição. Para o diretor, o tato leva ao desapontamento. Para o paciente, a visão leva à esperança. Para o apaixonado, o som leva ao alívio. Por fim, para o chef, o gosto leva à sensação de estar em casa.

Da mesma forma que cada um desses personagens foi impactado, seu cliente também pode ser.

QUANDO SUA EMPRESA VIRA COR, CHEIRO, GOSTO, TEXTURA E SOM.

VISÃO — Quais as cores e formas da marca?

PALADAR — Qual o gosto da marca?

OLFATO — Qual o cheiro da marca?

MARCA

AUDIÇÃO — Qual o som da marca?

TATO — Qual o toque da marca?

Para que uma experiência relevante ocorra entre o público e sua marca, é preciso se relacionar com as pessoas mais do que socialmente, mas biologicamente. É disso que se trata o BrandSense.

O BrandSense nada mais é do que uma estratégia para que a empresa encante seus clientes, explorando pontos de contato a partir da visão, olfato, paladar, tato e audição. Quanto mais próximo for esse contato mais intensa será a sensação de pertencimento do público.

Explorar a **visão**, antes de tudo, é enxergar bem como a sua empresa está. O ambiente dos seus pontos de venda está coerente com a identidade visual? Por sinal, a sua identidade visual está bem estruturada? Cada cor estimula uma sensação, por isso, é preciso estar atento a que tipos de estímulos a sua empresa provoca. Não adianta nada você ter a receita do cupcake mais macio do mundo, se a luz da sua confeitaria faz o seu negócio parecer uma farmácia. O Itaú faz questão de explicitar não só nas suas agências mas em todos os seus comerciais a predominância das cores azul e laranja, que fazem parte da identidade da marca. Por meio desses elementos visuais, o banco cria pontos de identificação que nos fazem saber quem está por trás dos seus anúncios publicitários, antes mesmo de aparecer o logotipo.

No caso do **paladar**, temos aqui um prato cheio para o ramo culinário, mas seria raso acreditar que esse sentido não é útil para você, se o seu negócio é uma loja de materiais de construção. Por isso, é preciso sair do olhar literal. Pense, por exemplo, nos serviços de carona como os da Uber. O negócio deles é, a grosso modo, buscar e levar você para um determinado ponto. Certo? Certo, mas não é apenas isso. Prevendo a chegada de concorrentes como Cabify, 99 e Easy, a Uber viu que era necessário investir em experiência o quanto antes. Por isso, quando não há ao menos uma balinha para aproveitar, durante a viagem, temos uma má impressão do motorista. Isso acontece porque o doce da bala nos ativa uma sensação de conforto, como uma pílula de alegria durante viagens, que, dependendo do trânsito, às vezes, não são tão agradáveis.

A pele possui milhares de células receptoras, o que faz do **tato** um dos sentidos mais ricos a serem trabalhados no BrandSense. Não à toa ele é um dos principais norteadores, durante os projetos de design de produto. Seja um tênis, uma bola de futebol ou um celular, não importa: queremos pegar com as mãos antes de comprar. A grande diferença para o seu produto ser levado pode estar em um toque.

A **audição** é, junto da visão, talvez um dos maiores desafios na hora de planejar ações. A todo momento, somos bombardeados por estímulos sonoros, que vão desde as notificações no celular até a orquestra incessante de buzinas e outras manifestações de poluição sonora das grandes cidades. No entanto, se usado de maneira sábia, pode, de certa forma, hipnotizar seus clientes. É o caso das redes de varejo, que costumam colocar músicas rápidas e animadas em horários de pico, para acelerar a passagem e evitar congestionamentos, assim como também colocam melodias lentas em horários de baixa clientela, para que as pessoas fiquem mais tempo para consumir mais produtos.

Por fim, temos um grande candidato a rei no império dos sentidos: o **olfato**. Quem nunca cheirou uma caixa de leite esquecida na geladeira para saber se estava estragada? Ou saiu correndo do sofá para a cozinha ao sentir o mínimo aroma de queimado? O cheiro tem muita importância para o nosso cérebro e por consequência em nossas tomadas de decisão. Por isso, a Starbucks parou de preparar ovos no café da manhã. O cheiro da fritura atrapalhava o aroma do café, o que fazia as vendas baixarem. Dê um passeio pelas lojas do shopping e repare como o aroma é explorado por cada loja. Algumas exageram no perfume, outras cheiram a produtos de limpeza, mas você vai se identificar facilmente com as que sabem usar seu nariz.

Claro que nem sempre é possível estabelecer todos os contatos, mas defendo que, para um bom processo de BrandSense e Brand Experience ocorra, você deve contar boas histórias, usando da maior variedade de impactos de sentidos possível. Como as duas teorias evidenciam, contar histórias envolve as pessoas e quanto maior for o impacto dos sentidos maior será a sensação de pertencimento do cliente.

A Disney de Orlando talvez tenha sido a primeira empresa a entender que quanto mais você conseguir envolver o cliente com sua história mais fácil se torna a compra de seu produto. Tanto que este foi o primeiro parque a colocar lojas de souvenirs na saída dos brinquedos. Assim, o visitante sai da atração envolvido com tudo aquilo que viu, com o sentimento de quero mais, e logo vê na sua frente um brinquedo que eternizará esse momento mágico.

Atualmente, quase todos os cases de entretenimento usam essa técnica. O Futuroscope, parque de inovação, tinha uma grande dificuldade de fidelizar o público. Apesar das atrações serem divertidas, não havia engajamento com as pessoas. Então resolveram fazer um teste: colocar um personagem em uma das atrações, um coelho, com uma bela história por trás. Em poucos dias a atração teste e quase sem movimento passou a gerar filas no parque. As pessoas se envolviam tanto com a história que o parque percebeu uma ótima oportunidade de expandi-la para outros ambientes. Foi então que resolveram colocar a marca do coelho na lanchonete em frente ao brinquedo. Instantaneamente, a lanchonete cresceu em 400% o faturamento. Essa história mostra o quão relevante e poderoso é o investimento em histórias e personagens.

O Brand Experience e o BrandSense juntos são o grande trunfo da indústria do entretenimento para transformar clientes em fãs e aumentar o faturamento, conforme podemos observar nos estudos apresentados. Mas somente equipes muito engajadas podem contar boas histórias que revelam a magia da empresa. Incentive suas equipes a fazerem o mesmo!

Quais são as histórias que sua empresa e seus produtos podem gerar?

1. _____
_____
_____
_____
_____
_____
_____
_____
_____
_____
_____
_____

2. _____
_____
_____
_____
_____

3.

4. _____

5. _____

_____

_____

_____

_____

_____

De quantas maneiras seu cliente tem a oportunidade de interagir com seu produto/empresa? Descreva cada uma delas:

Visão_____

_____

_____

Tato_____

_____

_____

Audição_____

_____

_____

Paladar_____

_____

_____

Olfato_____

_____

_____

Quais são os pontos de contato com o cliente nos quais você pode inserir histórias e novas experiências por meio dos sentidos? Descreva-os:

1. _____
_____
_____

2. _____
_____
_____

3. _____
_____
_____

4. _____
_____
_____

5. _____
_____
_____

9.
KEEP THE MONEY IN THE SHOW

Neste momento do livro, você deve estar pensando: "Sim, preciso fazer tudo isso para meu projeto, mas muitas coisas impactam drasticamente nos meus investimentos. Para a Disney, Universal, Futuroscope e todas as grandes empresas do mundo é fácil. Elas conseguem fazer isso, pois possuem orçamentos muito maiores que os meus. Como começar?".

> *TUDO QUE NÃO FAZ PARTE DO SHOW É GASTO.*
>
> *William Weber*

Minha mãe é a financeira da loja de carros do meu pai há mais de 20 anos e houve períodos, nessas duas décadas, em que eu a questionei várias vezes. Eu acreditava que o controle dos processos deveria ficar na mão das equipes. Que delegar era confiar. Eu estava errado e só enxerguei meu erro depois de perceber que grandes empresários gastam mais tempo controlando do que delegando. Você pode delegar, mas precisa desenvolver processos para estar sempre de olho.

Existe uma história famosa de Walt Disney sobre o dia em que ele andou disfarçado em seu parque, na Califórnia. Dentro de um barco, ele notou que o velejador estava indo muito rápido, percorrendo todo o trajeto em um tempo muito menor do que o padrão. Ao final do passeio, ele sentou ao lado do funcionário e disse: "Sabe aquele elefante que emerge da água e cospe um jato pela tromba? Ele custou quase 1 milhão de dólares, mas ninguém viu porque você decidiu ir mais rápido".

Se isso aconteceu com um barco e um elefante, imagina o que não pode acontecer com suas finanças. Assim como minha mãe ensinou, tenha o controle da sua parte financeira. Você pode até ter um assistente, mas nunca perca o controle diário do seu caixa, ele é essencial para o seu sucesso.

Faço um convite para que você comece a pensar suas finanças de um modo diferente. Foi no Disney Institute, a escola de gestão da Disney, onde eu tive a oportunidade de ouvir essa frase:

**KEEP THE MONEY
IN THE SHOW.**

De uma maneira simples, os grandes gestores do entretenimento aprenderam com o cinema e o show biz, investindo somente no que está à frente das cortinas. Pode soar surpreendente, mas a Disney economiza tanto atrás das cortinas que existem atrações que ainda funcionam em DOS. Por que irão mudar, se está funcionando e garantindo um bom show às pessoas?

Por muitas vezes, estive em empresas que investem muito dinheiro para trocar o sistema operacional por um mais moderno, ou trocam a frota de carros todos os anos, sem isso estar conectado com o show, sem fazer com que melhore ou não. Imagine uma telepeça que faz entrega de peças para oficinas mecânicas: se ela substituir suas motos todos os anos por uma frota nova, irá mudar alguma coisa em seu serviço? Muitos empresários entendem que a compra de veículos e imóveis é um investimento, mas, na lógica do cinema, o que não aparece no filme é gasto.

Por isso montei uma planilha muito simples para representar como você deve organizar suas finanças. Na primeira coluna você deverá colocar todos os itens de suas despesas mensais e depois inserir o valor investido na coluna show ou backstage. Tudo o que envolve ações que entrem em contato com o cliente faz parte do **show**, o resto é **backstage**. A intenção então é que você elimine o máximo possível das despesas da direita, referentes ao backstage, e invista tudo que puder nas despesas da esquerda, referentes ao show.

ESTE INVESTIMENTO TOCA NO MEU CLIENTE?

Quais são as áreas da sua empresa que possuem contato com o cliente?

1. _____

_____

_____

_____

2. _____

_____

_____

_____

3. _____

_____

_____

_____

4. _____

_____

_____

_____

5. _____

6. _____

7. _____

8. _____

9. _____

Qual é o seu show?

_____
_____
_____
_____
_____
_____
_____
_____
_____

ORGANIZE SUAS FINANÇAS CONFORME A PLANILHA ABAIXO:

	SHOW	BACKSTAGE

10.
ATÉ LOGO

Então a noite já toma conta do céu e centenas de pessoas se reúnem num mesmo lugar. Não há nada acontecendo, mas o clima é de tanta expectativa que as pessoas falam em voz baixa sem motivo algum. Diante delas, está ele, imponente, fantástico, mágico: o Magic Kingdom. É para lá que todos aqueles olhos brilhantes se dirigem. Quando menos se espera, as lâmpadas dos postes se apagam. Explode então um poderoso show de luzes. A animação não pode ser contida; adultos e crianças interrompem o burburinho e dão lugar apenas ao "Uau!".

O que se vê a seguir é uma inesquecível viagem ao mundo da Disney. Por sinal, a última viagem que todos farão, pelo menos naquele dia. É o encerramento do show que acontece no coração do parque, no Magic Kingdom. Quem olha parece estar imerso em um culto religioso. E quem disse que não está? O universo criado por Walt Disney mostra-se diante de todos como uma entidade, que atinge diretamente o coração de quem acredita na magia. Ou seja, atinge diretamente o coração de todos que ali estão. Porque um dia dentro da Disney é o bastante para fazer o mais cético dos céticos acreditar em um mundo fantástico.

Um bom espetáculo é composto de um bom início, um meio que não dá sono e um gran finale. Pensando assim, não parece ser difícil transformar o atendimento ao seu cliente em um show inesquecível. Afinal, é assim que você conseguirá conquistar fãs. Durante os capítulos deste livro levantamos diversos momentos da recepção dos clientes com base em grandes players do entretenimento mundial. Mas nada é mais impactante e memorável para os fãs de parques de diversões do que o show de despedida do Magic Kingdom da Disney. Praticamente todos os parques entenderam que é preciso criar um gran finale, mas o da Disney é tão famoso que virou até abertura dos filmes. Diante da grandeza do castelo da Cinderela com músicas, performances e a projeção mapeada e instalada recentemente, dizem que o investimento em fogos de artifícios é tão alto que, se a Disney fosse um exército, seria o segundo maior dono de pólvora do mundo. O show final acontece às 21 horas, mas é tão importante que sua preparação inicia às 5 horas.

Portanto é necessário pensar como encerrar seu atendimento ou sua venda. Como você diz um "até logo", para que a pessoa saia feliz com a compra e saia entusiasmada? Quantas vezes encontro lojas que fazem um atendimento encantador, mas na hora de retirar o produto existem filas para pagar, o atendimento no caixa é lento e a expedição nem se fala. É preciso subverter essa importância e compreender o que se pode fazer para melhorar o "até logo". Só assim ele não virará um adeus. Claro que a Disney faz um grande espetáculo no encerramento, um show. Afinal, para continuar surpreendendo a todos, depois de incansáveis atrações, somente um show com toneladas de fogos de artifício, tecnologia e artistas de ponta.

Trazendo para um caso mais simples e concreto, vou citar o exemplo de meu pai. Como citei, ele possui uma loja de veículos seminovos, no Rio Grande do Sul, terra onde nasci e fui criado. Acredito que a grande magia da empresa dele é a honestidade. Em um mercado em que é comum mentir sobre o produto, fazer gambiarras no conserto e falsificação de documentos, meu pai prosperou com sua ingenuidade, fazendo o que é certo. Sempre pagando os impostos, contratando funcionários com carteira assinada, consertando os veículos e tratando os clientes com respeito. Na saída da loja, quando um cliente compra um carro novo existe um adesivo simples e barato em cima da porta com a frase:

"AQUI VOCÊ ENTRA UM CLIENTE E SAI COMO UM AMIGO."

WILLIAM WEBER

Essa frase resume em tudo o que é a magia da loja Bom Auto e suas três décadas de trabalho. Clientes batem fotos e postam nas redes sociais porque se identificam com o que está escrito e porque são surpreendidos com a frase em um momento inesperado. É simples, barato e digno, uma grande maneira de dizer "até logo".

Aproveitando esse gancho e os ensinamentos do Beto, meu pai, gostaria de deixar um desejo, talvez mais do que isso, um pedido. *Os 10 passos mágicos para o sucesso* é um livro escrito para que diferentes pessoas tenham sucesso em seus mais variados negócios, mas a prosperidade não vem, quando você não faz as coisas com honestidade, amor e gratidão. Entenda que, para os clientes voltarem e se tornarem seus fãs, você não pode tomar decisões na sua empresa que prejudiquem as pessoas, você não pode fazer algo sem pensar nos reflexos que existem na sociedade. Somos nós, empresários, empreendedores, gestores e futuristas que criamos o nosso mundo e não podemos nos deixar influenciar por uma pequena oportunidade de ganho de dinheiro sujo. Assim como meus pais me ensinaram, pratique o bem, seja um homem bom e nunca mude.

Como é o seu processo de atendimento?

1. _____
_____
_____
_____

2. _____
_____
_____

3. _____

4. _____

5. _____

Quando é encerrada a venda para seu cliente?

Qual seria o "até logo" ideal para que ele saia entusiasmado?

_____
_____
_____
_____
_____
_____
_____
_____
_____
_____
_____
_____
_____
_____
_____

PLUSING.

O livro poderia ter acabado aqui, mas quero deixar uma mensagem com essa palavra. Criada por Disney, *plusing* significa "continue acrescentando e evoluindo". Nunca pare, faça sempre mais. Ou como um dos filmes mais recentes da Disney diz: "continue a nadar." Perceba que, mesmo anos depois, os personagens continuam a ensinar os valores criados por Walt Disney.

Existem duas coisas peculiares sobre este livro. A primeira, é que ele não é um livro feito apenas para ser lido. O conteúdo não se contenta em apenas ser absorvido; você precisa fazer algo com ele depois; esse é o propósito. A segunda, é que este livro não tem fim. É isso mesmo. A contracapa deste livro não é uma porta que você está fechando, mas o sinal de uma que está abrindo. Tudo depende de você, e eu acredito que vai abri-la e trilhar grandes caminhos.

Acredito nisso principalmente pelo fato de você estar aqui, buscando a mudança e a evolução de seus negócios. De alguma forma, antes de você começar a ler o primeiro capítulo, com certeza, o assunto da magia foi uma das coisas que fez você ficar interessado no que vim dizer. O que eu peço é que você nunca deixe essa magia acabar.

VOCÊ ESTÁ AQUI PORQUE ACREDITA QUE TEM ALGO ESPECIAL PARA APRESENTAR AO MUNDO.

*E NÃO HÁ NADA MAIS
MÁGICO QUE ISSO.*

WILLIAM WEBER